最美的治愈系散文……

总有一次哭泣，让人瞬间长大

黄桐——著

ZONGYOU YICI KUQI
RANGREN SHUNJIAN ZHANGDA

长江出版传媒
长江文艺出版社

新出图证（鄂）字 03 号

图书在版编目（CIP）数据
总有一次哭泣，让人瞬间长大 / 黄桐著 .
-- 武汉 : 长江文艺出版社 , 2013.7（2017.3 重印）

ISBN 978-7-5354-6783-6

Ⅰ . ①总…　Ⅱ . ①黄…　Ⅲ . ①散文集 – 中国 – 当代
Ⅳ . ① I267

中国版本图书馆 CIP 数据核字（2013）第 132430 号

著作权合同登记号　图字：17-2012-223
本著作物经外图（厦门）文化传播有限公司代理，由宝瓶文化事业有限公司授权，在中国大陆出版、发行中文简体字版本。

监　　制：姚常伟　　　　责任编辑：吴 双　王 堃
策　　划：孙文霞　　　　书籍装帧：朝 霞
责任印制：张　涛　　　　责任校对：孙文霞

出版：长江出版传媒 | 长江文艺出版社
地址：武汉市雄楚大街 268 号　　　　邮编：430070
发行：长江文艺出版社
北京时代华语图书股份有限公司　（电话：010-83670231）
http：//www.cjlap.com
印刷：三河市嘉科万达彩色印刷有限公司

开本：880 毫米 ×1230 毫米　1/32　　印张：8.5
版次：2013 年 7 月第 1 版　　2017 年 3 月第 12 次印刷
字数：170 千字

定价：32.80 元

你永远都不会知道，自己到底有多坚强；

直到有一天，你除了坚强之外，别无选择。

——范可钦 资深广告人

泪水是世间最不需要强忍的东西，因为坚强是一种内心，爱哭不是不坚强，哭过之后还能站起来，能清醒地明白该走什么样的路，做什么样的事，才会真正长大。

目 录

作者序　拿出傻瓜精神，用微笑面对挫折

印度电影《三个傻瓜》（3 Idiots）在台湾造成了极大的轰动，这是一部励志电影，讲述三个年轻人勇敢对抗现实，追逐梦想的故事，过程笑中带泪。我非常喜欢。

主角之一Raju出生在极为贫困的家庭，他的心中没有一点自信，只有满满的焦虑，做人处事总是畏畏缩缩，甚至一度跳楼自杀。幸好，在好友的鼓励下，他重新振作了起来，毕业前夕，他到一间大公司面试，被问到“为什么坐轮椅？”他因此说了一句发人深省的话——断了两条腿，才让我真正站起来。

Raju这个“傻瓜”，其实一点也不傻啊！

这也是为什么，我喜欢“断了两条腿，才让我真正站起来”这句话——唯有面对恐惧，你才能学会如何与恐惧共存。你所征服的，从来不是外在的一切，而是自己。

既然说到印度电影，也让我想到一段在印度旅行时的经历，那时，我们到一座印度教庙宇参观，只见里面的信徒，全都喃喃地念诵着一句祷词。我问当地的朋友，他们在念什么？他回答是礼赞神明的话。我又追问，若是把这祷告词翻译成英文，又是什么意思？他想了想，告诉我，那句话说的是——愿神的旨意发生，而不是我的。

这是多么有智慧的一句话啊！在西方国家，我也听过类似的话“神要惩罚一个人，就会答应他所有的愿望。”

我们总是希望自己“心想事成”，最好是要什么就有什么，对于生命，好的我们来者不拒，坏的我们却避之唯恐不及，却忘了“苦难是化了妆的祝福”。如果，没有过去的苦难，不可能成就现在的我；如果，没有现在的苦难，不可能成就未来的我。

说穿了，道理就是这么简单。

另一则故事是这样的：

有一个男子，年纪轻轻就遭逢了一连串的变故与失败。他对生命心灰意冷，兴起了逃避的念头，以为只要出家，就可以从此远离红尘纷扰。于是男子上山拜托一位禅师，求禅师帮他剃度。

禅师仿佛看穿了男子的心事，他既没有拒绝，也没有答应，只是用手指着门槛。

年轻人揣测，禅师应该是要他站在门槛上，虽然不明所以，但他仍然照做了。只是，时间一分一秒过去，禅师都没有叫他下来，年轻人站得腿麻脚抖，最后忍不住问："师父啊，我究竟要站到什么时候啊？"禅师故作吃惊地说："咦？我可没有叫你一直站着啊，你可以跨出去啊！"年轻人在狭窄的门槛，大步跨出门外，踩到平坦的地上，顿时松了一口气，觉得舒服多了。那禅师又指着门槛，意味深长地说："门槛，门槛，过去了，就是门，过不去，就是槛。"

是啊，生命中最大的难题，其实并不在那一道道阻碍我们的门槛，而在于我们能不能"跨过去"。

我们或许曾经挫折，曾经迷茫，甚至曾经选择了用最愚昧的方式逃避人生的课题。尽管过程可能不堪，但是只要我们能从过程中学到经验、学会疗愈自己的方法、得到难能可贵的勇气……那么，我们就能化阻力为助力，进而扭转乾坤，从人生中的输家成为赢家！

还是那一句老话，天下没有白受的苦。多给自己一点时间，苦难总会有过去的一天。种种考验就让我们一起拿出傻瓜般的毅力，克服万难吧！

祝福大家！

黄桐于台北

PART 1

唯有面对恐惧，你才能
学会如何与恐惧共存

01 现在的悲剧，是未来的喜剧

那些发生在生命中的悲剧，
往往是为了替未来上演的喜剧，
埋下伏笔。

某天，一个一如以往的平凡早晨。美国纽约一栋繁忙的商业大楼里，满是忙忙碌碌的上班族。

可是，在这里工作的人之中，却有几个人今天的心情格外灰暗。

第一位，是一个刚进入职场的年轻人。他被上司指使，去附近的商店买甜甜圈和咖啡。他缓缓地走出办公大楼，心里面觉得很郁闷，不喜欢被人当成小弟使唤。

第二位，是一个年轻的女孩。她今天很倒霉，离开地铁时被人推挤跌倒，扭伤了脚踝，又叫不到出租车，只好一拐一拐地慢慢往公司走去。她叹了口气，看看手表，早就已经迟到了，免不了又要遭到主管白眼。

第三位，是一个中年男子。他是一个单亲爸爸，今天一早起床，他发现儿子发了高烧，只好急急地请假，带孩子去看医生。候诊时，他在医院百无聊赖地看着电视新闻，心想自己错过了一场非常重要的会议，而这场会议攸关他的升迁……

突然间，看着电视的中年男子惊讶得张大了嘴巴，不敢相信自己所看到的画面——电视里，新闻播放着即时消息，一架飞机竟正往他工作的大楼撞去！这是一场骇人的恐怖袭击！

故事里的三个人，都是在纽约世贸大楼工作的人。他们被“倒霉的事”牵绊了，因此闷闷不乐；没想到，这些倒霉的事，却成为他们这辈子遇过最幸运的事！

网络上流传着一则类似的故事，据说是“9.11”幸存者的真实遭遇。无论真实与否，我都喜欢这则故事的涵意，因此将它略做改编——那些牵绊我们的不幸，可能是拯救我们的幸运。只是，时候没到，谁也不知道。

有个朋友是很成功的生意人，靠着贸易赚了很多钱，可是，他其实连高中都没有毕业。

在那个违规补习仍然盛行的年代，有一次，他的高中老师宣布要替大家举行“课后辅导”。虽然美其名为“辅导”，但当然要额外收取补习费。

这个朋友家里很穷，连学费都快交不出来了，怎么可能有余钱补习？加上导师说，课后补习大家可“自由参加”，所以他就顺理成章地没有加入补习的行列。

班上的人几乎都乖乖参加了，只有他和另外一两个家境不好的同学例外。不料，老师却开始刁难这些没有补习的人，找尽各种借口，不断地记他们大小过，最后这个朋友被记满三个大过，莫名其妙地被退学。

当时，他心里既生气又难过，不知道自己为什么这么倒霉，遇上一个坏老师？他怨叹自己为什么这么穷，如果家里经济状况好一点，这一切就都不会发生了！

可是，这场生命中的波折，却把他推向了另一个高峰。失学的他试着做生意，不料第一次批发就赚了不少钱，让他信心大增，也就此发现了自己的商业天分。

时隔多年，他想起当年的那个老师，才发现那个他曾经最怨恨的人，竟然是老天安排的贵人。

人生是难以预料的。老天有时候会用最荒谬、最冷酷的方式，促使我们往前走。在生命的道路上，有时候莫名其妙地掉下一块石头，把我们砸得头破血流。我们又怨又恨，但后来我们才会发现，这块石头并不是普通的石头，而是一块开启成功的敲门砖！

碰上不如意，先别抱怨，也别哭泣，更别怀忧丧志。或许，有一天我们会发现，那些发生在人生中的悲剧，其实是为了替将来的喜剧埋下伏笔。

心灵小语

生命中发生的波折，

通常会被人们视为诅咒，

但假以时日之后，我们往往会发现，

那些种种的不幸未尝不是祝福。

把命运之神给你的考验视为必然，

我们就能以更积极的心态，

对待种种不如意。

DROGUERIE

02 那些我们以为的诅咒，其实都是祝福

苦难，

是化了妆的祝福。

有一个小男孩家境贫穷，天生跛了一只脚。他非常不快乐，怨恨家庭的贫寒，更痛恨自己的残缺。

父亲要带他上教堂，他拒绝了："我才不要去教堂！上帝让我过得那么苦，他一定早就遗弃我了！"

父亲什么也没有说。但是，隔天他结束工作回家时，却带了好几本书。那是从图书馆借来的伟人传记。

小男孩起先觉得那没什么好看，后来在好奇心的驱使下开始翻书，没想到一读上瘾。

他先是很激动地拿了一本《米勒传》，跑到爸爸跟前："爸爸，你知道吗？那个世界有名的画家米勒，竟然是农夫的儿子耶！"

又过了一会儿，小男孩又抱着《安徒生传》跑来："爸爸，那个写故事的安徒生，他的爸爸是个穷鞋匠耶！"

读到《贝多芬传》和《海伦·凯勒传》时，小男孩更惊讶了："爸爸，贝多芬耳朵听不到、海伦·凯勒眼睛看不见耶！"

爸爸露出慈祥的微笑，摸摸孩子的头："孩子，你看哪，上帝没有遗弃你。那些人，在成为伟人之前，他们也只是个普通的穷人，也只是个普通的身障者啊！"

有一次，一家与我合作的出版社，新来了一位编辑助理，给我留下非常深刻的印象。

因为这位编辑助理做事能干又细心，我要出差，他早早替我订好车票、旅馆，同时把一切繁琐的联系工作，处理得妥妥当当；我采访需要的数据，他提前一个星期就寄来给我，还附上我可以参考的网址……更让人佩服的是，他居然连我喝什么咖啡这等小事都记得一清二楚，实在让我感谢又感动。

我一直以为，这么杰出的人才，一定经历过多年的职场历练。直到有一次闲聊，才赫然发现他其实才从学校毕业，这是他第一份工作！无论是他优异的工作表现，或是他合宜的应对进退，还是稳重的言行举止……现在都看不出来，他竟然这么年轻!

我好奇地问他，究竟是什么原因，让他这么出色?他先是不好意思地笑笑，想了一想，告诉我:“也许是家庭的关系，促使我早熟吧。”

他说，父亲是个爱赌博的酒鬼，他16岁以前，根本没见过爸爸，而由母亲一手拉扯长大。16岁那年，父亲突然回家了。他以为爸爸已经痛改前非，终于可以一家团圆;可是，父亲不但没有悔改，反而变本加厉，不断地跟母子俩伸手要钱，甚至会对他和母亲家暴。

爸爸的出现，让“家”不再是可以遮风避雨的安乐窝，而成为可怕的炼狱。他和妈妈趁父亲外出赌博时，仓皇地收拾行李，逃离自己的家，另外租屋居住。为了躲避爸爸，母亲辞掉工作，他也只能转学。所以，他从高中时代起，就拼命地打工……

回忆悲惨的过往，让这个大男孩一度眼中泛泪。可是，后来他话锋一转:“以前我恨我的父亲，但现在我感谢他。因为，正是因为这么糟糕的父亲，才会有今天这样的我。”

说得真是太好了。我想他充分地体会了那一句话:“苦难，是化了妆的祝福。”因为曾经贫寒，我们才能体会打拼的重要;因为曾经跌倒，我们才能学会再站起来的方式;因为曾经心碎，我们才能知道幸福是什么……

人生道路漫长，当我们熬过了挫折和低谷，蓦然回首，我们往往会恍然大悟——正是那些曾经的伤害与眼泪，成就了今天的我们。

心灵小语

老天赐予我们的礼物，

有时会以极为残酷的形象出现——

是让我们痛、让我们苦、让我们心碎。

但是，种种的考验，

却能促使我们变成一个更优秀、更成熟的人。

直到时过境迁，我们才会恍然明白，

原来，那些我们以为的诅咒，

其实都是祝福。

03 上帝最好的奖赏

上帝让一个人能够成为“好人”，
就是他所能赐予的最好奖赏。

有一位作家，在一家报社担任儿童版的主笔。

有一天，他收到一封孩子的来信。一个小女孩在信上写着：妈妈烤了一盘饼干，在桌子上放凉，并吩咐她和弟弟不准偷吃。她听妈妈的话，没有偷吃，但弟弟却偷吃了。

这小女孩的心中非常迷惘，因此写信询问作家：“弟弟当个坏孩子，因此得到了一块饼干；我努力当个好孩子，却只得到一句‘好乖’的称赞。上帝真的是公平的吗？”

作家看着信，想了老半天，却不知道该怎么回复。因为这也是他心中的迷惑——上帝不是该奖赏好人，惩罚坏人的吗？可是，为什么现实社会中，总是好人受害，坏人占便宜？既然如此，那我们为什么要做一个循规蹈矩的好人？

仿佛冥冥之中自有安排。不久后，作家参加了一场婚礼，而他心中的问题，也因此得到了解答。

婚礼上，新郎非常紧张，一不小心竟把戒指戴上了新娘的右手。

牧师见状，幽默地提醒新郎："右手已经够完美了，还是把戒指拿去装饰左手吧！"

短短的一句话，却让作家如醍醐灌顶：对呀！右手已经够完美了，所以不需要戒指；那些遵守道德的"好人"，之所以时常被忽略，不就因为他们本身已经够完美了吗？

最后，作家做出结论——上帝让一个人能够成为"好人"，就是他所能给人最好的奖赏。

偶然的机会下，看到了这篇文章，非常喜欢，这则故事也解开了我心中的一些迷惑。

其实，人类的天性，都是希望自己"成为一个好人"的。这样的渴望，仿佛烙印在你我的基因中。这也是为什么，那些做了坏事的人，很少干脆地承认自己是个"坏人"，而会为自己找遍借口……这么做，未必是想欺骗别人，而是想要欺骗自己，说服自己"我做这些坏事，都是有原因的"。

或许，我们可以说，"做个好人"这件事，并不像我们所想的那么简单。

以前我有一个邻居，她恶名在外，长年游手好闲，生活所需的金钱全靠拐骗。她吸毒嗑药，无论早晚都时常发出轰然噪音，让附近的住户不胜其扰。

有一天，我发现她领养了一条流浪狗。这看起来还不错，因为她终于做了点好事。而她自己似乎也为此沾沾自喜，常跟别人说这条狗有多可怜，是她拯救了狗儿。

只是，她不是个负责任的饲主，放任狗儿到处乱跑，在小区里四处大小便，那只狗跑进其他邻居的院子里乱咬东西，还把别人的菜园弄得稀烂。

几个邻居于是上门找她兴师问罪，她不以为意，反而和大家吵了一架，觉得都是别人在找她的麻烦……

我对于这件事很感叹，我一直在想，事情怎么会变成这样呢？她出于善心做的一件“好事”，为什么到了最后却成为别人眼中的“坏事”？

后来我恍然大悟——她确实是想要做好事，只是，她真的不知道该怎么做，才能把事情做得漂亮、做得圆满。站在这样的角度，这种人，也实在可怜。

上帝能给人最大的奖赏，就是让一个人成为“好人”；而上帝能给人最严重的处罚，就是让一个人成为“坏人”——因为，这种人连“该怎么做好事”都不知道啊！

心灵小语

“做个好人”这件事，道理人人都懂，

但究竟该怎么做，或许远比我们想象得更困难。

所以，若我们能够做到成为一个“好人”，

就已经是老天所能给我们最美好的奖赏了！

因此，我们应该更加努力，

以身为一个好人为荣，不是吗？

04 两只老虎

别让心中那只“恶”的老虎吞噬了你的人生，
也吞噬了别人的人生。

夏日的午后，一个老人和小孙子一起坐在树下乘凉。

老人望着远方，若有所思地说：“孩子啊，你知道吗？我们每个人的心中，都有两只老虎。第一只老虎，是善的，它大方、善良、慈悲；第二只老虎，是恶的，它狭隘、邪恶、自私。而且，这两只老虎每天都在我们的心里打架……”

“爷爷，那究竟哪一只老虎会赢呢？”小孙子追问。

爷爷摸摸孙子的头，露出意味深长的微笑：“你时常喂养的那只。”

有一句话说：“一个错误不会摧毁你的人生，但一连串的错误却会摧毁你的人生。”

小时候，邻居有个大哥哥时常和我一起玩，那个大哥哥很有正义感，也总是很照顾弱小的孩子。印象最深刻的是，有一次他捡到一只流浪狗，把狗偷偷养在学校，最后被老师发现了，被狠狠骂了一顿，老师还把狗撵出校门。他只好硬着头皮，把狗带回家，又哭又求又闹又拜托，好不容易才让母亲点头，同意让他收养那只狗……

长大后，大家各奔前程，我们也从此断了联络，只是年复一年地，偶然从邻居的口中听到他的消息：听说他中学时常逃课，因此大小过不断；听说他高中时交了一群坏朋友，因打架闹事而被退学；听说他开始混帮派，成为黑道大哥；听说他结婚了，生了儿子，但依然不改打打杀杀的生活……最后，听说他涉及绑架勒索，被判了十几年徒刑。他去坐牢那年，小孩才刚满一岁。

有一天我回老家，碰到他的妈妈。他的母亲一讲到他就伤心，讲着讲着还掉下眼泪。于是我和他母亲约了一天，开了一个小时的车去监狱探视他。

这是我第一次来到监狱。只见一群受刑人亲属坐在并不舒适的等候处，然后一个个拿出身份证给狱警登记，带来的食物也都要接受检查。会面时间到，家属鱼贯走入小小的会面处。狭窄的柜台上放了一台台电话，让被铁窗、玻璃隔离的受刑人与家属通话……真的就跟电影里演的一样。

然后，我探视的对象出来了。他之前就听说我要来，看到我就对我讪讪一笑。虽然多年不见，但从他的笑容、容貌，依稀能看出当年的样子……

一时间，我真的不知该跟他说些什么。

短短的十几分钟探视很快就结束了。车程的劳顿，让他母亲在回程时疲累地打起盹儿来。一路上，我一直想着：究竟是什么原因让他变成这样呢？那个小时候孩子们眼中善良、正直、爱护小动物的大哥哥，为什么现在变成人们眼中的“坏蛋”呢？

我想，这个问题，连他自己也不明白吧！就是因为他没有发现，自己不断地喂养着心中的那只“恶虎”，才会放任它日益壮大。最后，这只老虎不但吞噬了他的人生，甚至连带吞噬了他的母亲、妻子、儿子的人生。那些爱他的家人，是多么的无辜啊！

是的，每个人的心中，都有两只老虎，一只是“善”，一只是“恶”。

再伟大的慈善家、宗教家，心里都难免会兴起不好的念头；再该死的恶棍，心里也都残存着善念与人性。造成“好人”与“坏人”之间差异的，其实是在于个人的选择——我们究竟要把哪种念头发扬光大？

讽刺的是，很少有“坏人”愿意承认自己是“坏人”，因为人总是习惯在做了一件事之后，替自己找借口，然后告诉自己："我其实很善良啊，只是……"却没有发现心中那只善的老虎虽然仍然存在，但早已被那只恶的老虎压制在地，奄奄一息了。

"莫因恶小而为之，莫因善小而不为。"这是一句被说烂了的老话，但每个人却都应该引以为戒。别忘了，你的每个行为，都是喂养心中那两只老虎的养料。

心灵小语

你的每个行为，

都在塑造自己的人生。

要好？要坏？

主宰的不是别人，

更不是命运，而是我们自己。

05 没有种不出作物的土地，只是撒了不适合的种子

应该害怕的不是贫瘠的土地，

而是你始终看不清你自己。

有座农村土地十分贫瘠，原本在这里耕作的农人嫌收成不好，于是纷纷迁居了。

独有一户农人坚守家园，没有搬走的打算。而且神奇的是，他的田地收获不错，每到收成季节，田中的小麦结实累累，被微风吹成一片金黄的浪涛，与周围荒废的田地形成强烈对比。

有个路过的旅人很好奇，便向农人询问：“别人都对这片土地一筹莫展，为什么独有您能化腐朽为神奇呢？”

农人笑了笑，耸耸肩膀说：“其实也没什么秘诀。我只不过倾听了土地的声音，依照它的渴望来选择种子罢了。”

“这是什么意思？”旅人追问。

“土地种不了水果，那就改种瓜果；土地种不了瓜果，那就改种蔬菜；土地种不了蔬菜，那就改种小麦……如此而已。”农夫笑了笑，说，“每块土地，都有适合自己的种子。”

就在旅人咀嚼着农夫的智慧之语时，农夫望着麦田，又说：“那些搬走的人，都执意要种高经济价值的果树，所以才会嫌弃这片土地贫瘠。其实，贫瘠的不是土地，而是执著的人心啊！”

我大学读的是中文系，尽管毕业多年，却对学生时代的一段插曲还是念念不忘。

有一天，一个男同学的父母突然跑到学校，他们在走廊上拉拉扯扯，还惊动了师长出面排解。原来，这个男同学的父母觉得“男生念中文系，将来不好找工作，注定没有出息”。因此执意要他办理休学，进补习班准备重考，还规定他只能报考医学院。但这个男同学喜欢文学，因此不愿听从父母的话，执意搬出家中，偷偷地注册、偷偷到学校上课。但他的父母仍不肯罢休，因此才跑到学校又吵又闹。

最后，这个同学的身影，还是从校园里消失了。

好多年后听到他的消息，他重考多次，却还是没考上医学院。最后他与家人彻底决裂，三十多岁了才重回文学院读书。

他父母的态度，实在让我不解：难道每个人都适合当医生？只有当医生才“有出息”吗？也许他不适合当医生，可是谁能保证他将来不会成为杰出的作家呢？为了这样莫名的执著，失去一个儿子，何必呢？

在个人生涯的抉择上，有些时候，我们往往也必须残酷地承认自己的“不足”。这真的需要莫大的勇气：我想考医学院，却发现自己不够聪明；我想成为顶尖的销售员，却发现自己不会说话；我想成为小说家，却发现自己没有写作天分；我想成为有钱人，却发现自己根本没有生意头脑……

可是，承认自己某方面的“不足”，绝不等同于自己“一无是处”。我可能不聪明，但我比谁都有耐力；我可能拙于言辞，但我的脑袋却很灵活；我可能不会写作，但我却有美术天分；我没有赚钱的命，却有健康的身体……

一直很喜欢一个说法：每个人来到世上，都有自己的任务与使命。至于你的任务、你的使命究竟是什么？从来没有人能告诉你，只能靠着你自己摸索。

应该害怕的不是贫瘠的土地，而是你始终看不清你自己；没有种不出作物的土地，只是你撒了不适合的种子。

心灵小语

“天生我材必有用”，每个人都像一块土地，

或许有些肥沃，有些贫瘠。

但事实上，没有一块土地是无用的，

只是我们不知道活化它的方式。

06 你是真好人，还是烂好人？

玫瑰上的刺，
目的不是用来伤害别人，
而是为了保护自己。

有一个女人在院子里种了几盆玫瑰，她每天认真浇水、定期修剪，而玫瑰仿佛是在回报她一般，开出的花又大又娇艳。

只是，让女子苦恼的是，她常在打理玫瑰时，一不小心就被花梗上的硬刺刺到手指而流血。

于是，某天女子突发奇想，她戴着厚手套、拿着一把小剪刀，花了整个下午的时间，将玫瑰上的尖刺逐一剪去。

大功告成后，女子得意极了，觉得自己真聪明，这么一来，就再也不会被刺伤啦！

只是几天过去，女子却发现她的玫瑰愈来愈憔悴，仔细一看，大吃一惊，原来失去尖刺的保护，让毛虫军团得到大举入侵的机会，无论是玫瑰的花朵还是叶片都被啃得惨不忍睹。短短几天的时间，一盆盆的玫瑰就被吃了个精光！

女子这才领悟——玫瑰花上的刺，目的不是用来伤害别人，而是为了保护自己。

有一个女性读者写信，她说自己的个性太软弱，总是不好意思拒绝别人，因此生活中总是处处吃亏。同事不想做的工作，就二话不说地丢给她做；亲戚不想收拾的烂摊子，交给她负责；朋友平时相约吃喝玩乐未必会想到她，但要找人帮忙带小孩，甚至想借钱的时候，她就突然成为不二人选……让她感到最“怄”的是，替别人做了许多，对方也未必感激，有时还会嫌她做得不好，根本就是闽南语俗谚说的：“做到流汗，嫌到流涎。”

另一个男大学生的苦恼，则是他每次都被心仪的女生当成“好用的工具”，对方不是叫他修计算机，就是使唤他买夜宵、当司机；更过分的是还有女生把他当成提款机。最后，当他鼓起勇气跟对方告白时，却总是得到相同的回答：“你是个好人，但我只把你当朋友……”

这两位不同性别、不同年龄、不同职业的读者，却不约而同在信中发出同样的感叹：“或许，我最大的问题就是‘对人太好’了！”

是的，他们说得一点也没错。“对人太好”正是他们的问题症结。但是，只是察觉自己的问题是不够的，他们需要的是改变自己的勇气。他们必须学会说“不”的艺术，学会替自己设立止损点；否则，类似状况只会一而再、再而三地发生。

每个人都希望自己是个受欢迎的“好人”，这种想法当然没有错。只是，我们也必须接受一个残酷的现实：这个世界上除了“好人”之外，也有不少喜欢利用别人、老是得寸进尺的“坏人”。

古人说：“害人之心不可有，防人之心不可无。”就是提醒我们应该做个好人，但同时却不能忘了自保之道。所谓的“保护自己”，不是要我们时时张牙舞爪地提防别人，而是了解“对人好，也该有个限度”，否则我们只会成为旁人眼中好欺负的软柿子。

心灵小语

玫瑰花上的刺，不是为了伤害别人，

而是为了保护自己。

想当个好人，很好，

但绝没必要让自己成为一个来者不拒的“烂好人”，

老是成全别人，

却让自己不断受到伤害。

07 看到别人的“不需要”

了解其他人的“不需要”，
往往比了解其他人的“需要”还重要。

有个男子对餐饮工作非常有兴趣，于是到一家餐厅应征接待经理。他每天努力地工作，尽其所能地服侍客人。只是，奇怪的是，餐厅的业绩不但没有增加，反而大幅下滑，光顾的客人愈来愈少。

有一天，餐厅老板把他叫进办公室，严肃地说：“我必须请你改变服务的方式，如果你不愿意，我就要请你另谋高就。”

这番话，让接待经理觉得既委屈又生气：“比起其他人，我的工作态度更积极、更认真。为什么你不要其他人改进，却只拿我开刀？”

老板没有回答，反而指着办公室外一对刚进餐厅的男女，问：“请你告诉我，你会怎么接待那些客人？”

“当然是竭尽所能地服务啦！”接待经理几乎毫不考虑、滔滔不绝地说，“我会先向他们介绍餐厅主厨的拿手好菜，等主菜上桌后，我会招待他们两杯饮料，并向他们敬酒，接着推荐他们甜点……”

老板接着又问：“那你猜猜看，那对客人是什么关系？”

“我想，他们应该是情侣吧？”

“你再说说看，他们为什么要来我们的餐厅用餐？”

“他们应该是想享用美食，并享受餐厅的浪漫气氛……”

“那就对了。”老板说，“客人来到这里，不是想来找你聊天的。这就是你最大的问题！你过于殷勤的服务，造成了客人的负担，他们当然不愿意再次造访。”

老板说得有理，让接待经理哑口无言。

老板又说：“最棒的服务，不仅是观察客人‘需要什么’，更应该观察客人‘不需要什么’！”

现实生活中，我也曾亲身遇到过类似让人好气又好笑的事：有个朋友想向交往多年的女友求婚，于是订了女友喜欢的餐厅，当天还邀请包括我在内的几个朋友，替他助阵、壮胆。

高楼夜景、烛光晚餐，一切都顺利极了！但正当他对我们使了眼色，准备掏出戒指的时候……突然间，餐厅老板来了，开始跟我们东南西北地聊天，一下谈今天的菜色，一下谈天气，甚至慷慨激昂地谈选举……

想当然，气氛完全走调，求婚一事也只好延期，择日再来。虽然是老板的无心之过，但我想，短期内朋友应该不会再光顾那间餐厅了。

很多时候，我们也会发生相同的错误：面对所爱的人，我们一头热地“塞”给对方根本不需要的东西，万一对方不领情，我们还会恼羞成怒，认为对方不知好歹。

有个朋友收入不稳定，每个月入不敷出，更惨的是他的女友长年无业，一份少少的工钱得养活两个人，让他吃不消。后来他实在受不了了，便跟女友长谈，拜托她去找份工作，就算是打工也好，多少补贴一点家计。

不料，他的女友却断然拒绝，原因是：“如果我去工作，谁来替你整理家务、煮饭洗衣？”女友愈讲愈生气，觉得他不知道感恩，两人大吵一架，后来就分手了。

过了好一阵子，我巧遇那个女孩，她跟我打探男方的状况，还幸灾乐祸地说：“那家伙既不会煮饭，也不会做家事，少了我，日子应该一塌糊涂吧？”

唉，真不知道她哪来的自信啊！我实在不好意思跟她说，其实那男生摆脱了经济重担，新女友是个经济独立的上班族，他终于松了一口气，开心得不得了呢！

分辨别人的“需要”与“不需要”，是我们都该学习的功课，如此一来，人与人的关系就会更圆融，自己和别人也会更自在！

心灵小语

一厢情愿地“给予”，

往往会搞得别人不自在、自己不开心。

不仅看到别人的“需要”，

也看到别人的“不需要”，

很多人际问题，

往往就能迎刃而解。

08 佛像之美，贵在无为

舍去欲望的包袱，
才能拥有轻快的人生。

有一座佛寺才刚完工，庙中的师父打算请人雕刻一尊石观音，以供信徒们膜拜。

第一位雕刻师，花了三天三夜阅读经文，希望从中琢磨出深奥的禅意，接着才着手开始雕刻。只是，他的作品虽然气势磅礴，却让人望而生畏，感觉难以亲近。

第二位雕刻师，花了三天三夜翻阅历代佛画，希望从中掌握住佛法精髓，接着才着手开始雕刻。只是，他的作品虽然美丽，却流于俗媚，少了神佛应有的庄重。

庙方无可奈何，只好再委托第三位雕刻师。让人诧异的是，这位雕刻师既不查阅经文，也不参考佛画。他只是把石头放在工作室中，一直盯着它看。

三天三夜过去了，雕刻师都没有任何动作。接着，他突然站起身来，拿起工具，埋头开始敲打，动作之流畅仿佛行云流水。完成的作品既庄严又慈悲，看过的人莫不赞不绝口。

有人忍不住问："大师，您的雕刻秘诀，究竟是什么？"

"我的雕刻秘诀就是——我从不雕刻。"大师回答。

旁人听了一头雾水，那大师又微笑着解释："观音本在石中，我只是帮他去除多余的部分罢了。"

很多人以为，人生之所以精彩，在于那些外在的"装饰"——那些装饰，可能是名车豪宅，可能是珠宝华服，也可能是显赫的名声地位……

但其实，那些我所见过真正快乐的人，他们的人生其实多半不是"加法"，而是"减法"。他们深刻地体悟到，愈是脱去那些外在的雕饰，让自己露出纯粹的本心，愈能得身心的安宁。

有一次我在朋友的聚会上，巧遇一位企业家。得知他是日进斗金的企业主时，我实在有点惊讶。因为他的穿着极为平常，谈吐间也不见老板的霸气，反而像邻居的长辈一样平易近人，丝毫不给人压力。

席间，朋友告诉我，这位企业家长年资助某公益团体，甚至无偿提供他在台北黄金地段的房子，给公益团体当成办公室。

对于我的敬佩，这位企业家不以为意，也不认为自己做了多了不起的大事。不过，他跟我分享了一则小故事：他说，自己年轻时家境贫困，后来白手起家，做生意赚了大钱。他也曾志得意满，无论吃的用的，一定都要最好的，出国洽公或旅游，当然也一定要坐头等舱。

可是，他却发现，每次出国前夕，他的心情就特别不好，总会莫名其妙地烦躁。起初，他自己也不知道原因，后来他终于了解，自己根本不喜欢坐头等舱。服务人员过度的殷勤和礼遇，让他感觉很不自在；在头等舱常看到其他乘客颐指气使的模样，让他感到不舒服。从此以后，他开始吩咐秘书不要再替他订头等舱的座位，转搭经济舱。

正是从搭飞机这件小事开始，从此以后，他开始将生命中的种种“比照办理”，一切去繁从简，像是卖掉进口车，换国产车，不再为了耍派头雇佣司机，改为自己开车，奇妙的是，他的生活依然忙碌，不过他反而愈来愈能在紧凑的生活中，找到安适的快乐。“因为我终于学会了‘怎么用钱’，而不再‘被钱所用’。”他还笑着说，也许是因为不再大鱼大肉，改吃家常便饭，就连困扰他多年的心血管疾病，竟也慢慢被控制住了。

生命中过度的“想要”，往往就像一个个沉重的包袱，让我们在人生道路上愈走愈累，也愈走愈迷惘。只要我们愿意将这些包袱舍弃，我们就会走得更轻快，也走得更踏实！

心灵小语

生命中，总是有太多的“想要”。

当我们耗费心力，去追逐，

并得到那些“想要”之后，

我们往往会讶异地发现，

我们竟不如自己所预期的那样快乐。

与其盲目地“得”，不如先学会“舍”。

舍去欲望的包袱，

才能拥有轻快的人生。

09 批评就像硫酸

少一句批评，多一句赞美。
批评就像硫酸，
总能快速腐蚀人与人之间的感情。

有一间香肠铺的老板，有天早上拉开店门时，突然看到门口有只狗在徘徊。老板出声赶它，却怎么也赶不走。那只狗直直地望着老板，仿佛有什么话要跟他说。

这时，老板发现狗的脖子上系了一张纸条，还有一张纸钞。他好奇地解下纸条，只见上面写着：我要买两串香肠，请将香肠和找的零钱交给狗。

老板半信半疑，但还是照做了，把放着香肠和零钱的纸袋交给小狗。小狗小心翼翼地叼起纸袋，转身就跑。

老板禁不住好奇，便一路跟着狗。只见狗熟练地左转右转，最后走入一栋大厦的电梯里。老板连忙跟着走进电梯，更让他惊讶的是，狗居然立起来，按下了电梯楼层的按钮。电梯门打开后，狗跑到一户人家门前，放下纸袋，接着"汪汪"叫个不停。老板心想，那应该就是狗的家了！

果不其然，从房里走出一个男子，开口就对狗破口大骂。

原本躲在一旁的老板看不下去，跳出来说，"喂，老兄！你的狗替你跑腿，它这么聪明，你怎么舍得骂它？"

"什么，你居然说它聪明？"男子瞪大眼睛，"它已经第二次忘记带钥匙了耶！"

这当然是一则虚构的故事，却也让人不免同情起这只可怜的小狗。

以前我还在公司工作的时候，有一次，同事7岁的孩子提早放学，到办公室找妈妈。由于她母亲正在开会，所以她就坐在我办公桌旁，自己安安静静地画图，不吵也不闹。

我忍不住夸奖她："你真的好乖，而且你画的图好漂亮哦！"

那小女孩有点激动地抬起头来，看着我说："真的吗？我画得真的很漂亮吗？"

"是啊！"我正诧异女孩的反应时，那小女孩又喃喃地说："阿姨好好哦！妈妈从来不夸奖我。"

就在这时候，她的母亲走了过来，大声呵斥小女孩："你还在画画？为什么不做功课？”然后瞄了一眼小女孩的画，开始数落，“你在画什么？那是一座山吗？山不像山，丑死了。”

小女孩难过地咬着嘴唇，我则是不敢置信地瞪大眼睛看着那同事。是自己的孩子耶，说话有必要这样吗？尤其还是当着外人的面前？

我想，那同事就是个标准的“虎妈”吧。从星期一到星期天，替孩子安排了满满的课程，回家还要练几个小时的钢琴。她曾说，绝不轻易赞美孩子，否则只会把孩子“宠坏”，让孩子“不知道努力”。

或许，这样的高压教育，的确能培育出“优秀”的孩子；只是，又该怎么弥补成绩、奖状之外，那些肉眼看不到的东西呢？好比孩子的自信、成就感，还有感受快乐的能力？到头来，那孩子会不会觉得穷极一生都在想办法讨母亲的欢心，但妈妈总是对她不满意？

挑剔别人很简单，我们还可以找借口自圆其说，说自己是“求好心切”；批评别人很容易，我们还可以理直气壮地和对方说：“我这是为你好啊！”

只是，别忘了，尖酸刻薄的话语就像硫酸，会快速腐蚀掉人与人之间的感情。多少婚姻、亲子关系出现裂痕，都是由于“批评太多、赞美太少”啊！

心灵小语

喜欢批评家人的人，出发点难免是“求好心切”，

却忘了另一件重要的事——言语，

往往是最可怕的武器，

它能够造成的伤害，远远超出我们的想象。

批评的话，少说一句；赞美的话，多说一点，

与家人之间的关系，就会更亲密、融洽。

10 恐惧的价值

工作如同涌泉，
压力愈大，
喷出的水柱就愈高。

有一所高中，请到了一位鼎鼎有名的演讲者——他是一位旅美的职棒明星，学生们全都兴奋不已。

演讲结束后，球星开放学生提问，有个学生问他：“您究竟是用什么样的心情在打棒球？”

“你们要不要猜猜看？”这位职棒明星微笑着反问。

台下七嘴八舌地讨论起来：“一定是很愉快的心情，因为打球是您最有兴趣、做得最好的事！”“一定是很喜悦的心情，因为棒球是您的最爱嘛！”

“你们都猜错了。”这位职棒明星的表情转为严肃，“多年以来，我始终是抱着戒慎恐惧的心情在打球。”

台下叽叽喳喳的学生，顿时愣住了。

“因为，如果只是怀着愉快、喜悦的心情打球，在职棒的世界里，你一下子就被淘汰了！”

日本旅美球星铃木一朗某次在接受访问时，说出上述的这番话。

铃木一朗即使贵为世界知名的球星，但他的生活却不如外界想象的多彩多姿，甚至应该说日子过得有点无聊，几乎一成不变。他每天在固定的时间起床、三餐吃大同小异的食物，他还有一个“怪癖”，就算外食，也几乎到一样的餐厅用餐。

那么，他生活的重心究竟是什么？答案是练习，各式各样的练习，持续不断的练习。

也难怪他会形容自己是用“戒慎恐惧”的心情在打球。如果只是觉得“打棒球很好玩”“成为明星球员很神气”，他恐怕无法在竞争残酷的美国大联盟中生存到现在。

不过，另一方面，我想他也并不觉得自己的工作是枯燥、无聊的；否则恐怕早就发疯或转行了。支持他一路走来的，毕竟还是他对棒球的热情。

所以，铃木一郎的故事告诉我们：只有热情，无法做好一件工作；但若没有热情，同样也无法做好一件工作。

多数人都希望自己的工作愈轻松愈好，但日本趋势大师大前研一就曾毫不留情地说：“或许真的有轻松、愉快的工作存在，就算有，你在其中得到的收获，也不会是什么珍贵的东西。”

或许，对于工作，你我都常忘了“压力的价值”。只是，工作往往如同涌泉一样，受到的压力愈大，喷出的水柱就会愈高；压力小，或是没有压力的时候，水柱不但不会形成，还会沦为一潭死水。

以我自己为例，不管是写书，抑或只是某短篇文章的邀稿，我最怕对方说“时间不急，有空的时候再写”。我总是会“逼迫”对方给我一个明确的时间，要告诉我几月几号一定要交稿。

因为，人都有惰性。没有截稿时间，固然没有压力，但也让自己缺少了坐下来完成文章的动力；有了交稿时间，虽然压力不小，却有助于督促自己，每天完成一定的进度。过程虽然有点痛苦，但如期完成的满足感，却会让人回味无穷。

面对压力，与其抱怨，或一味地转过头来逃避，不如勇于面对，并找出能让自己“化压力为助力”的方法。我们往往就会发现，很奇妙地，工作的成就感，竟也随着这种高压状态油然而生！

心灵小语

压力并不好受，

但压力却也可以成为我们往前迈进的力量，

促使我们在职场上有更好的表现！

先学会“接纳压力”，

我们才能发现自己的无限潜能！

11 不停课的理由

“将心比心”，

是唯一能让这个世界更美好的力量。

某个冬天气温格外地寒冷，一天到晚飘着大雪，出门特别不方便。

但是，有一所小学却迟迟不愿发出停课通知，仍坚持让孩子们到学校上课。这项决定，引发家长很大的不满，很多家长打电话到学校抗议。

校长交代秘书，表示要亲自和这些家长说明原委。奇怪的是，每个家长听完了校长的说法，不但都不再有任何异议，反而都很赞同校长的作为。

究竟，校长说了些什么？

原来，他对每个家长解释：“这个学区中，有很多孩子来自贫困的家庭，家中根本没有装暖气。如果今天放假，孩子们待在家中，注定要整天受冻，可能还会饿肚子。可是，如果他们到学校来，不但有暖气保暖，还有营养午餐可吃。这就是为什么即使下大雪，我还是希望孩子们到学校上课。”

看过一则真实故事，让我非常感动：台湾“空中英语教室”创办人，同时也是宣教士的彭蒙惠女士，早年曾在原住民部落服务。有一次，一个原住民老太太说家中有急用，向彭蒙惠要了一点钱。过了一阵子，那老太太又以相同的理由，再度向她要钱，彭蒙惠没有多问一句，仍旧慷慨解囊。

有人问她：“这样给她钱，真的好吗？难道你不怕被骗吗？”

彭蒙惠回答：“如果她骗我，是她的不对；但如果她没有骗我，我却不相信她，那就是我不对了。”

这样的体贴与同理心，实在是让人敬佩。

有一次，我跟一个朋友到印度旅行，我发现他买小纪念品，尤其卖东西的是老人或小孩时，他几乎都不杀价。花一样的钱，别人可能买了三四样东西，他却只能买到一样。我问他，为什么不杀价呢？他给我的回答很简单，却也很动人：“因为我想让他们多赚一点钱。”

站在“自己”的立场，我们或许会觉得小贩很可恶，漫天开价，想要欺骗观光客；但是，他却站在小贩的立场，明白了他们的日子并不好过，他们这么做，无非是想多赚几块钱罢了。

学会“站在别人的立场”，我们就能拥有一颗更柔软、更包容的心，而我一直相信，能让这个世界更美好的，始终就是“将心比心”。

心灵小语

让世界一天比一天美好的力量，就是同理心。

试着“站在别人的立场”思考，

我们的心会变得更开拓、更慈悲，

而你我也会发现，生活中的计较愈少，

满足越来越多！

12 要当逐梦者，得先成为实践家

每个浪漫梦想之所以成真，

就是因为背后都有个一点也不浪漫的现实。

有个年轻人对世界充满了怨怼：当上班族，轮不到他升迁；当SOHO族，接不到案子；自己当老板做点小生意，却又赚不到钱。对此，他逢人就抱怨，搞不清楚自己为什么这么倒霉。

有一天，他到山上散心，在一座寺庙门口，恰好遇上了住持。两人天南地北地闲聊了一阵，他又忍不住开始吐苦水。

住持听了一会儿，提议道："我们站着聊，未免也太累了。不如这样吧，请进庙里坐坐，我们一边泡茶一边谈吧！"

于是，年轻人跟着住持进入庙中禅房。只见住持拿出水壶，点起火炉准备烧水泡茶。

眼看水就要烧开了，住持却突然想到什么似的，说：“啊！庙后头的茶花盛开得正美，我带你去看看，如何？”

年轻人点点头，又忍不住问：“可是，水就要烧开了，怎么办？”

“等等再烧便是。”住持说完就关掉了炉火。

看完茶花，两人回到禅房，师父再度开火烧水。

水壶渐渐冒出烟雾时，住持又说：“啊！我们的藏经阁图书丰富，我带你去参观参观，如何？”

年轻人有点犹豫：“可是师父，水就要烧开了啊！”

“等等再烧便是。”师父又关了火。

两人二度回到禅房。这时，师父却莫名其妙地发起脾气来：“这是什么烂水壶？水烧了那么久，怎么都烧不开？”

这番话说得年轻人丈二金刚摸不着头脑：“师父，你一下子开火，一下子关火，炉火没有持续，好不容易烧热的水一下就冷却了，得从头再烧，水当然一直烧不开啊！”

那师父反问：“哦？这样烧水不行吗？”

“当然不行啦！”

“可是，你不是就用相同的态度，来对待自己的工作吗？”

年轻人顿时明白了师父的意思，羞愧地向师父道谢。

常有人抱怨自己很“倒霉”，认为自己是匹良驹，只是没有遇见伯乐，只是，事实真是如此吗？

记得2003年时，我还在公司上班。有一天，一则在网络上流传的影片，引起办公室同事一阵骚动。

那是一部以雾社事件为主题的5分钟短片，场面壮观，运镜流畅，若不是片子里的主角穿着台湾原住民的服装，真会以为是哪部好莱坞的预告片。网络上简单的数据写着，这是一位导演自己出资拍的短片，他希望有朝一日，可以将之拍成长篇电影。

看完短片，我立刻就忘了那个导演的名字。又过了许多年，偶尔我会想起：那个想拍雾社事件的人，不知道现在怎么样了?

谁也料想不到，几年之后，那个曾经名不见经传的“小导演”，竟成为台湾家喻户晓的“大导演”魏德圣。那部短片，是他拍摄史诗巨片《赛德克·巴莱》的第一步。

人生的际遇实在很奇妙。前阵子我在因缘际会之下见到了魏德圣，与他谈了近两个钟头。

我把当年在办公室，一群人挤在计算机前面看短片的故事讲给他听，他颇有兴味地听着。然后我问他，从短片到电影上映，相隔了这么多年，这将近10年的时间，你究竟是怎么熬过来的?

他告诉我，其间他忍受最多的，是旁人的闲言闲语：“我必须不断地证明自己，一关接着一关。”

起初，别人怀疑“你会拍电影吗？”他借了200万拍短片，以证明自己的实力。他做到了，但这样不够；别人说“国产片已经完了，不可能有票房。”他拍出大卖5亿的《海角七号》。他做到了，但这样不够；别人又说“你可以拍爱情小品，但你有能力拍史诗巨片吗？”他还是坚持要做，《赛德克·巴莱》才开拍，他已经负债1亿，别人又说“魏德圣疯了，电影不可能拍完”。

大家都知道的是，最后，电影拍完了。魏德圣说，首映会那天，看着大屏幕播放着电影，台下的他忍不住掉下眼泪。

听了他的叙述，我真的很感动。媒体都形容魏德圣是梦想家，但我却确认，与其说他是梦想家，不如说他是个实践者。

我们的社会太强调梦想了，导致我们都忘了问自己：“为了梦想，我愿意付出多少？”

买东西需要花钱，想得到好成绩必须用功读书，这些道理大家都懂，可是，为什么在面对自己的梦想时，我们会天真地觉得自己能够不劳而获呢？

梦想当然重要，人拥有梦想，生命才会拥有目标。可是，浪漫梦想之所以能够成真，关键在于我们能不能低下头来，咬牙去承受住那个一点也不浪漫的现实啊！

心灵小语

梦想固然可贵，但若只有梦想，没有行动，

梦想永远只会停留在“梦”的阶段，

不会成为“事实”。

想要“美梦成真”，

我们就必须全然地接受逐梦的过程，

包括其中的苦涩，和其中的煎熬。

13 想要获得温暖，就先点亮自己

点亮自己的心灯，

我们将发现最先被照亮的，就是自己。

黑暗里，发出了一个小而轻微的声音：“这里好冷、好黑，我好孤单，我好害怕啊！谁能救救我？”

尽管是那么细微的声音，上帝仍然听见了。

上帝从天堂俯下身来，对着那黑暗中的求助者说：“孩子啊，你想摆脱寒冷、黑暗，你就必须照着我的话做。”然后，上帝又轻轻地说了些什么。

突然，一阵光芒划破了漆黑的暗夜，橘黄的火光驱逐了凄冷，把整个空间照得明亮又温暖。

原来，发出求救声的，是一盏小小的油灯。小油灯睁大眼睛，看了看四周，才高兴地发现其实自己并不寂寞。在它身处的仓库里，其实还有好多茶壶茶杯、锅碗瓢盆在陪伴着它呢！

上帝究竟跟他说了什么？

原来，上帝是说："孩子啊，你想获得温暖，就必须先把自己点亮。"

你听过台湾的"超跑妈妈"邱淑容的故事吗？她当了大半辈子的上班族，35岁才偶然发现自己的运动天分，经过长时间的锻炼后，她挑战马拉松比赛，陆续打破纪录，拿下大奖。因为跑步，她认识了很多志同道合的好朋友，四处比赛，圆了她环游世界的梦想。听起来真棒，不是吗？

可是，2008年在法国的一场比赛中，邱淑容的脚底跑出了水泡。她本来不以为意，没想到小小的水泡竟引发败血症。从医院醒来时，她赫然发现自己的右脚全被切除，左脚掌也被切掉了三分之一。她在医院昏迷了十多天，两度被医师宣告不治，从台湾飞到法国的女儿，以为就此将要和母亲告别，还带了入殓时需要的寿衣、寿鞋。

可想而知，对于一个马拉松选手而言，没什么比失去双腿更可怕的事了。只是，当大家以为邱淑容将从此从运动界消失的时候，她又荣耀地复出了！虽然不能跑步，但她装着义肢骑脚踏车，还代言台湾的残疾运动会！

我曾经访问邱淑容，她幽默地说，成为残疾者好处还不少，不但政府补助多，在家还可以"耍赖"不做家事。那样惊人的乐观，真是让人敬佩。

于是我问她，让你振作起来的动力究竟是什么？她想了一想，回答我：“因为我发现，如果我哭，家人也就跟着哭；如果我笑，我的丈夫、儿女也都跟着笑，这样我怎么能不笑呢？”

我想，这位“超跑妈妈”很清楚地认知了一点：烦恼的根源，其实不在于身障与否，而在于自己的心啊！

人心，是非常奇妙的东西。一样的有钱人，有些快乐，有些忧郁；一样的穷人，有些乐观，有些悲观；一样漂亮的人，有些知足，有些贪得无厌；一样其貌不扬的人，有些自信，有些自卑。由此我们不难推论，外在的条件其实并无法左右我们成为什么样的人，一切都取决于自己的心。

试着当点亮自己的心灯吧。这么做，我们将发现自己是最大的受益者，甚至还能替其他人带来光明；这么做，我们会发现世界并非我们想象得那么漆黑，并能看到过去的自己从未察觉的美好！

心灵小语

外在的不足，

无法决定我们会成为什么样的人，

内心的不足才会影响我们的人生。

点燃心中的烛火，

那些被照亮的不是别人，

而是自己。

14 为别人多做一点，你的烦恼就会减少一点

《圣经》：

凡你们对我这些最小兄弟姊妹中的一个所做的，就是对我做的。

有个男子在办公室遭到小人抹黑陷害，心情糟透了，下班后气呼呼地一个人走在马路上。突然，有一个老人走了过来，向他靠近，接着从口袋里掏出了什么。男子没有停下脚步，只是瞄了一眼，那是一张小男孩的照片。

老人亦步亦趋地跟着他，指着照片说："好心的先生，这是我孙子的照片，他得了罕见的儿童癌症。"

“走开走开！我没有钱给你！”男子一边不耐烦地说，一边加快了脚步。

但老人却仍不死心，追了上来，急急地说：“先生，您误会了，我不是要您的钱！我相信祈祷的力量很大，因此我随身带着孙子的照片，请每个路人替他祈祷，我也请求您替他祈祷。”

男子停下脚步，心里涌起一阵羞愧：“我明白了，我会替他祷告。”

老人感激地笑了：“谢谢你，好心的先生。”接着老人离去，继续拿着照片，去拜托下一个路人。

回到家，男子依照约定，跪在床边替那陌生的男孩祷告。说也奇怪，祷告完毕，他的心情也变好了，突然觉得今天在公司的遭遇，根本就不算什么。

有一次我在网络书店买了一套看似精彩的小说，书寄到家里，我才发现自己错估了这套书。它不是不好看，只是内容很浅、结构也很简单，不适合成人阅读，倒比较适合孩童、青少年阅读。

虽说如此，我还是花了好几个晚上，把一套十多本的书看完了。只是，一边看，我一边忍不住又叹又怨，因为这套书的价格，实在不便宜啊！

不过，恰好在书看完的时候，我无意中看到某公益团体正在举办“募集童书到偏远小学”的活动，心想：这太好啦！这套书不适合我，但应该有很多小朋友会喜欢，便把整套书送了出去。

不久后，我收到那公益团体的电子邮件，告诉我那套书已送到某某小学，很受孩子们的欢迎，并谢谢我愿意割爱这套售价不菲的书。

我心里非常高兴，再也不觉得这套书“买错了”，反而觉得自己“错得好”，因为这些阴错阳差，才能带给弱势的孩子一点乐趣。

人生中的许多时刻，不也是如此吗？愈是为别人多做一点，烦恼就会少一点，快乐也会多一点。原本悲惨的一天，也可能大幅扭转，成为快乐的一天。

以前当记者的时候，一度负责采访公益专题，受访者是投身各领域的义工。虽然，他们每个人努力的方向都不一样，有人是为了弱势儿童、有人是为了残疾人福利、有人是为了受虐妇女。但谈到自己的作为，他们却全都不约而同，说出类似的话：“我不认为自己在奉献什么，只是感谢对方，让我有付出的机会。他们给我的，远比我给他们的更多。”同时，我也在他们脸上看到了相同的表情，那样的表情，是“付出而不求回报”的喜悦。

我想，他们也不会花时间，去思考“人生在世，究竟是为了什么”的深奥问题吧？因为对他们而言，人生的价值已经再明显不过了——那就是以自己的努力，换取别人的幸福，哪怕只有一点点也好。

《圣经》里的一句话，让我非常感动：“凡你们对我这些最小兄弟姊妹中的一个所做的，就是对我做的。”而我也相信，神必定会给那些行好事的人应有的奖赏——那就是人生的充实与内心的平静。

心灵小语

人和其他动物最大的不同，

就在于我们跳脱了“物竞天择，适者生存”的法则，

而懂得帮助那些比我们弱小的人。

通常我们会发现，对别人付出的越多，

自己的烦恼就会越少。

15 仙人掌之恋

再强韧的仙人掌，也需要浇水；
再坚定的感情，也需要呵护。

刚交往时，她送了他一株小巧的仙人掌。

她告诉他，之所以送他仙人掌，是听说把仙人掌放在计算机旁，可以预防电磁波对人体的伤害；她说，知道他很忙，没有时间照顾植物。送他好养的仙人掌，只希望他看到仙人掌时，就能想到她。

他被女孩的细心打动了，与她开始交往。

时间愈久，他愈觉得女孩也像一株仙人掌——她很独立，并不需要他花太多时间照顾；她很成熟，当他忙碌时，她从来没有抱怨，只是默默地守护着他。

他们就这样交往了很多年，他从没发觉这段感情已经悄悄出现了裂缝。直到有一天，她说："我们分开吧！你需要的是工作，你并不需要我。"

他觉得她不可理喻，简直莫名其妙。也就在那天，他突然想起多年前，女孩送他的仙人掌。

他早已遗忘它许久，当他清理掉桌上成堆的文件，找出那个小小的盆栽，却怅惘地发现，那株仙人掌早就已经枯萎了，变得又干又硬，显然已经死了一段时间。

刹那间，他突然产生了一个领悟——无论生命力再怎么坚强的仙人掌，也是需要浇水的啊！

有个朋友与男友从学生时期开始交往，爱情长跑了10年。她的男友是个典型的"好好先生"，几乎从不对她发脾气。

而她似乎也因此愈发任性，大伙儿聚会时，常听见她像骂儿子一样，对男友呼来喝去，而这男生的脸上却始终挂着耐心的微笑，没有一丝怨言。

大家佩服这男生的好个性之余，也都一致看好他们的感情，认为两人步上红毯只是迟早的事。

但是，突然有一天，却传来两人分手的消息。某天，这女生又一如往常发起大小姐脾气，只是这一次，男生却不再愿意安抚她，反而提出了分手，而且"分手"两字说出口后，就再也没有转圜的余地。这女生非常生气，逢人就说前男友的不是，还说自己跟他交往这么久，真是"浪费青春"。

只是，最终的分手，究竟是谁造成的呢？正是因为她没有从这段感情中学到丝毫的教训，所以才会认为自己是“浪费青春”吧？

我想，她始终没有产生这样的觉悟：其实，世界上没有一个人有义务包容你，也没有一个人有义务爱你。其中当然包括你的朋友、你的情人、你的配偶，甚至是你的父母。“别人”愿意包容你、爱你，是“别人”的好意，并不代表“别人”可以永远忍受我们的予取予求。

如果这个朋友没有想通这一点，我想她无论再谈几次恋爱，结果也都会一样。因为在爱情世界里，她习惯的只是“接受”，而从来不是“给予”。

仙人掌之所以能在沙漠中屹立，是因为它的枝干中储藏了大量的水分，因此可以在大旱的环境中撑上好长一段时间。但这并不代表它就不需要水分。当缺水时间过长、储存的水分都用尽时，它也一样会枯死。

人与人之间的爱，不也是一样吗？

心灵小语

没有人有义务对你好，

没有人可以永远毫无条件地给予，

而完全不求回馈。

爱一个人，就要爱得公平，

再坚定的感情，也都需要经营呵护。

MAIRIE

16 成功，没有公式

成功的因素极为复杂，不是人可以掌握的。
与其幻想未来的成功，不如踏实地过好现在，
成功往往也会随之降临。

有一个农人带着两袋刚采收的洋葱，准备拿到市场贩卖，却不小心迷了路，越走越远，最后来到一座陌生的城镇。这座城镇的人从没有见过洋葱，觉得很新奇，尝了尝，又觉得很美味，竟大方地拿出两大袋黄金，想和农夫交换洋葱。

农夫觉得过意不去，说："不行呀！洋葱是便宜的东西，怎么值这么多黄金呢？"

但镇上的人坚持要农夫收下："我们这儿什么都没有，就

是盛产金子，黄金根本不值钱，您就放心收下吧！”

穷苦的农夫将黄金扛回家里，一夕之间咸鱼翻身，成为城里最富有的人，并将这段奇遇告诉了很多人。

有个男子听了很羡慕，便也依样画葫芦，采了两大袋大蒜，来到那座城镇。那里的人吃了大蒜，直呼比洋葱更美味，又想向男子购买。

那男子听了，心里窃喜，还故意装模作样地说：“大蒜是很贵重的东西，但我可以便宜卖给你们！你们只要给我两袋黄金就好了。”

“这怎么行？”那城镇里的人惊呼，“大蒜是如此的美味，只给你两袋黄金，太说不过去啦！我们要用更贵重的东西跟你交换。”

男子这下子更高兴啦！他欢欢喜喜地接下两袋沉甸甸的东西——打开一看，是两袋洋葱！

有一个原本画漫画的朋友，前几年转行改做电玩动画，为此他还特别到国外进修，学习专业技术。回台湾刚好赶上线上游戏最盛行的年代，因此赚了不少钱。

另一个人见到他飞黄腾达，便兴起仿效的念头，也转而投入电玩动画产业，故事的结局却完全不同。他没有成为首屈一指的动画大师，多年来却一直都是个薪水微薄的小职员，又过了几年就黯然再度转行。

人们常说“努力就会成功”，其实是把“成功”两个字简单化了。想成功，一定要靠努力，但努力却不是成功的保证书。

因为成功的要素，其实还包括了人为可以控制和人为无法控制的种种因素：前者像是专业程度、敬业精神；后者则包括大环境、风潮、景气，还有说起来很玄，但又少不了的运气和贵人。

所以说，成功是没有办法复制的，就好像有人能用一袋洋葱换到金子，有人却只能用大蒜换到洋葱。

况且，每个人对成功的定义，其实都不一样。一样默默无闻的小导演，有人觉得自己不成功，抱怨自己拿不到资金、没办法出名，但也有人觉得自己很成功，因为可以做自己喜欢的工作；一样的上班族，有人觉得自己不成功，因为迟迟没有升迁机会，但也有人觉得自己很成功，因为生活虽然平凡，却也稳定幸福。

其实，你根本不必模仿别人，因为每个“别人”都是独一无二的。但别忘了，不仅“别人”是独一无二的，你“自己”更是独一无二的！

你也无须盲目地随波逐流，只为追求那所谓的“成功”，因为究竟什么叫作“成功”？其实只有你自己才能定义。

心灵小语

成功不是数学习题，它没有可以遵循的公式，

其实也没有标准答案。

不要花太多时间幻想“明天的成功”，

多花一点精神打造“今天的成功”，

你就会发现，日子其实也很充实快乐，

成功也可能在不知不觉之中到来！

17 想成为“别人”，不如先学习做“自己”

人之所以不快乐，
在于大家都想“做别人”，
而不想“做自己”！

有一家知名的杂志刊登了一则启事，表示将举行有奖征文，主题是：“如果人生可以重来，我想做什么？”

消息发布后，杂志社陆陆续续收到了大量的投稿。

一个企业老板说：“如果人生可以重来，我只要开一间小杂货店就好，这样我就会有更多时间陪伴家人。”

一个家庭主妇说：“如果人生可以重来，我一定要读完大学，不会把所有的时间都花在家庭上。”

一个上班族说：“如果人生可以重来，我一定要完成我的梦想，成为一个作家。”

这些投稿被刊登在杂志上的时候，杂志社也一并公布了这项征文真正的目的——其实，这并不是一般的征稿，而是一群心理学家进行的实验，目的是了解人们的“真实人生”和“理想人生”之间，究竟有多大的差距。

最后，心理学家分析所有来稿，做出了三个结论：

第一，人们对“真实人生”的普遍满意度不高，对“理想人生”则加入了太多幻想。

第二，这些所谓的“理想”，其实多半是有可能被实现的，只是真正愿意放弃现状，勇于追逐梦想的人少之又少。

第三个结论，同时也是最重要的结论——人之所以不快乐，在于大家都想“做别人”，而不想“做自己”！

每次我到各地演讲，会后常有听众跟我说：“我好羡慕你的人生：你以前当记者，访问过很多了不起的人物，还因此去了很多国家；你可以从事自己喜欢的写作工作，而且不必进办公室上班！”

我确实觉得自己很幸运，也同意我对自己的际遇、生活都很满意。只是，写作者的生活真的这么完美吗？其实也不尽然。

跟那些名人相约采访，的确让我受益良多，但我也曾遇过气焰高傲的名人，但碍于工作，无论再怎么生气、委屈，也只能往肚子里吞；能出国工作很棒，但我也去过疟疾猖獗，或治安极为恶劣、政治形势紧张，随时可能发生内战的国家，让人一路上提心吊胆；不用进办公室，不表示工作就没有压力，反而必须加倍地督促自己，提升安排时间的能力。截稿期限在即，熬夜写到清晨，其实也是稀松平常的事。

另外，就现实来说，我的收入并不稳定，没有劳保，更没有三节年终奖金，退休后更没有退休金呢！

“做一行，怨一行”，或把某个行业想得过于浪漫，其实都是很危险的。有个摄影师朋友，他的梦想一直是开咖啡厅。后来他真的辞去报社的工作，拿出所有积蓄，在闹区的巷子里开了小小的咖啡馆。

我曾经上门捧场，装潢很精致，咖啡甜点也都无可挑剔，见他能够圆梦，我也替他感到高兴。

可是，不到几个月，却传来他的咖啡厅黯然歇业的消息。后来我跟他见面，他告诉我：“开咖啡厅，跟我想象的不一样。”原来，在他美好的想象中，只有泡出完美的咖啡以及和客人热络互动等“好玩”的事，却没有包括采购、进货、会计等“不好玩”的事；他以为“只要东西够好，就能吸引客人上门”，却没有想到附近连锁平价咖啡店的竞争，还有让人喘不过气来的房租、水电、人事费用。

咖啡厅结束营业后，他再度回到新闻界担任摄影师。他认真地跟我说：“其实当摄影师的工作很不错呢，真不晓得我当初怎么会有这么多抱怨！”

这个例子，不是要我们放弃追梦的勇气，而是我们在“逐梦”之前，必须先认清自己的“梦”不仅是个“美梦”，还一定会有“噩梦”夹杂其中，无论好坏，我们必须一概承担。还有，在羡慕别人的人生之前，或许我们应该先试着喜欢自己的人生，不是吗?

心灵小语

“别人的生活、工作，或是家庭、配偶，好像都比我的好？”

愈是这么想，我们愈容易羡慕别人，甚至嫉妒别人。

其实，这只是你的幻觉罢了。

别人的人生，未必比你好。

想成为“别人”，不如先学习怎么做“自己”。

THE
BROAD-CHAUVIN
ENGLISH LIBRARY

18 上帝给每只鸟儿食物，却不会把食物放进巢里

打开成功宝盒的钥匙，
从来不是天赋，而是个人的努力。

有一只年幼的小鸟，每天都要花上很多时间找食物，渐渐地对这样的生活感到厌烦。

有一天，它偶然听到一只老鸟说的话："上帝是仁慈的神，他会赐予所有生命所需要的食物。"

"哦？那我们鸟类也不例外吗？"小鸟急急地打断老鸟的话。

"那是当然的。"老鸟有点不高兴地说，"上帝眷顾一切

的生命，当然包括我们鸟类啦！”

小鸟听了很高兴，它飞回自己的巢里，一待就是一整天。

其他的鸟儿见状，好奇地问它：“你怎么了？身体不舒服吗？为什么不去找食物呢？”

“呸呸呸！说什么我生病了？我健康得很！”那只鸟眼睛闪着期待的光芒，说，“我在等上帝赐予我食物！”

其他的鸟你看看我、我看看你，拍着翅膀飞走了。

又过了两三天，那只鸟还是不肯离巢。

其他的鸟劝它：“你别再窝在巢里了，快去找食物吧！”

但它仍非常坚持：“不，我在等上帝赐予我食物。”

从此以后，其他的鸟儿再也不愿意管它了。

日子一天天过去，小鸟愈来愈虚弱，最后饿死在巢里。

小鸟上天堂后，见到了上帝。它责怪地说：“你不是说会赐予鸟儿需要的食物吗？为什么你让我活活饿死？”

上帝用怜悯的眼光看着小鸟，回答：“孩子啊，我确实会赐予每只鸟儿需要的食物，但我不会把食物放进你们的巢里。”

成为母亲之后，更加觉得“天性”和“天赋”这种东西，实在是很奇妙。虽然科学未必能解释它，但它毋庸置疑，确实存在。

和同样为人父母的朋友聊天，才发现孩子与孩子之间的差异竟是如此巨大。有些孩子活泼，有些孩子内向；有些孩子细心，有些孩子不拘小节；有些从小就展露语言天分，有些运动神经特别发达。

那么，你有没有想过，自己的“天性”和“天赋”又是什么？这些与生俱来的特质，没有好坏，没有对错，只看我们能不能加以发挥。

认识一位台湾知名的陶艺家，她同时也在艺术大学教课。有一次，她感叹地告诉我，现在的孩子实在太依赖天赋了。

她说，在学校里，她看到不少“天才型”的学生，那些孩子惊人的美感，连她都自叹弗如。

但是，很多学生仗着自己有天分，因此对“基本功”的练习特别排斥，简单的素描，他们觉得根本不能发挥创意，画都不想画；应该交的作业，他们觉得太枯燥了，结果总是一拖再拖。这位陶艺家感叹地说，根据她的观察，那些真正的“天才型”学生，离开学校后有所表现的人寥寥可数，反倒是那些没有天才却很努力的学生，较能出人头地。

她又举了一个例子，那就是全世界最有名的画家之一——毕加索。她说，人们看到毕加索的画，常忍不住觉得“那有什么，小孩子也画得出来”！可是，很少人看过毕加索早期的作品，那都是一些技巧高超，而且极为写真的素描或水彩。毕加索是在学会了绘画基础后，才逐渐尝试自由挥洒，那些以为自己不需要学会基本功，就急着发挥创意的学生，真是印证了一句闽南语俗谚：“还不会走，就想要跑。”如此一来，当然容易摔跤。

“天赋”就像一张藏宝图，可以引领你接近成功的宝藏。但是，那打开成功宝盒的钥匙，却从来不是天赋，而是个人的努力。

心灵小语

老天给予每个人不同的天赋，

但他却不会帮我们发挥天赋。

唯有靠着自己的努力，

才能替人生写下最精彩充实的乐章。

Part 2

人生中的悲剧，其实是为了替将来的喜剧埋下伏笔

19 学会失恋，才能学会爱情

爱情就像所有的学问，也需要学习。

接受在感情路上摔跤的事实，

我们才会懂得不再摔跤的秘诀。

有个女子坐在路边，哭得不能自已。

一个智者恰好经过，便问："小姐，你为什么哭呢？"

"我失恋了。"女子一边哭，一边说。

"你还爱他吗？"智者又问。

"我很爱他。"

"那么，他还爱你吗？"

"他曾经爱我。只是……只是他现在已经不爱了。"女子抽抽噎噎地说。

“那么，你又为什么要哭呢？”智者微笑地说，“你只不过是少了一个‘不爱你的人’；他却少了一个‘爱他的人’。其实该难过的应该是他，而不是你呀！”

有一则故事是这样的：一个男子被女友背叛，还被骗了不少钱。

他很生气地跟一个禅师抱怨：“师父啊，我真不甘心，我应该怎么办？”

不料，那禅师竟笑嘻嘻地回答：“那你去把她杀了啊！”

男子听了大吃一惊：“这怎么可能？师父啊，您怎么会叫我去杀人呢？”

“哦？你不想杀人吗？”禅师又说，“不然，你去把她毒打一顿？”

男子愣住了，心里怀疑这禅师是不是发疯了，怎么净叫他去做些伤天害理的事？

这时，禅师收敛起笑脸，说：“失去一段感情，你做什么都没有用。你唯一能做的，就只有‘放下’。”

感情世界里，“不甘心”是最没有用的情绪。常有失恋的人说：“我付出了这么多感情，我不甘心。”这个“不甘心”造句里“付出的感情”，也可以换成付出的金钱、时间、青春。

但无论你的“不甘心”究竟是什么，说穿了，就算你再

“不甘心”，又怎么样呢？如果这段感情继续下去，你失去的那些东西就会回来吗？答案当然是否定的。

失恋了，乍看之下，我们什么也不能做。但我们其实可以做一件非常重要的事：那就是把这段逝去的爱情，当成一段经历、一次学习。

如同所有的工作或才艺，“谈恋爱”这件事，其实也很少人“天生就会”，它也需要练习，才会进步。

如果我们执意要陷在某次失恋的泥沼中，不肯从中爬起来，那么，就算遇到真正适合我们的人，我们也会对他视而不见；如果我们不能坦诚地检讨不成功的感情，并从中修正自己的错误，那么，当下一段感情来临时，我们也很可能在同一个地方摔跤。

心灵小语

失恋了，很痛苦。

但不甘心的情绪其实于事无补，

它不会让我们成长，

只会让我们愈陷愈深，

更加难以放过对方，

同时也放过自己。

20 你的人生“画错重点”了吗?

失败本身其实没有任何价值，
除非我们能从失败中吸取教训，
而且必须是“正确的”教训。

有一个做生意的男人，当他事业小有起色，赚了一些钱之后，就开始拈花惹草，处处留情。

家里的“大老婆”原本被他瞒得密不透风，直到有一次，他惹上了一个“狠角色”——那是一个在欢场工作的女人。她不断地伸手跟他要钱，直到男子再也吃不消，萌生分手的念头。

不料，这女人从此缠上了他，还不时恐吓他，扬言如果他不愿意给钱，就要把男了写的情书拿到他太太面前。

这下子，男子慌了，找了一个当警探的朋友帮忙。那警探想了想，想出了一个妙计，吩咐男子继续拖延，但就是千万不要给她钱。

终于有一天，那欢场女子找上门来，把一大叠情书摊在他太太面前。不料，太太看了信，不但不生气，反而哈哈大笑："我这个老公就是这样，都这把年纪了，还喜欢到处留情。你说他是不是很可悲？"说完，太太还顺手把信件抛入暖炉中，烧了个精光。

那欢场女子破坏别人家庭不成，只好悻悻然地离去。

其实，这是男子和警探朋友精心策划的一出好戏——那个"太太"，根本不是男子的老婆，而是个女演员。至于太太"本尊"，早就被男子半哄半骗，去国外度假了！

事情完美解决，男子和警探都松了一口气。警探也趁机告诫男子："这次事情圆满收场，算我们运气好。你应该从这件事情中吸取教训了吧？"

"有的有的，我吸取了重要的教训。"男子点头如捣蒜，"我吸取的教训是——下次偷情，不要再写情书，甜言蜜语用说的就好！"

有一句网络用语，叫"画错重点"，形容某件事明明清楚地摆在眼前，但看的人却根本搞错了其中的关键，就好像我们读书时"画错重点"一样。这句话实在描述得非常传神。

故事中的男子，就是最好的例子——他没有从这件麻烦事中学到"对婚姻的忠实"，他的体悟反而是"将来偷情不要留下证据”，实在可悲又可笑。不难想象的是，虽然他侥幸逃过一次，但如果他再这么继续下去，幸运之神也不会永远眷顾他。迟早，他都必须为自己的行为付出代价。

真实生活中，“画错重点”的人其实也不在少数呢！

有一个男子被女友骗光积蓄，最后女友还移情别恋。后来，他又认识一个女孩。一开始两人的交往十分正常，但不久后，女孩竟也找各种借口向他“借钱”，一下子说缴不出卡费，一下子说要钱学英文进修，一下子妈妈又生病要开刀。

男子身边的朋友觉得很不解：“你又不是第一次碰到这种女孩子，你怎么还是不吸取教训呢？”

“我有啊，我有吸取教训啊！”男子振振有辞地说，“前女友离开我，就是嫌我钱不够多；现在的女友有这些需要，我当然要赚更多钱来满足她啊！”

大家听了，头都晕了。天哪！他从失恋中吸取到的教训，竟是“赚更多钱来满足对方、让女友予取予求”，而不是“找一个真正爱我，而不是爱钱的女孩”，这真是最标准的“画错重点”啊！

后来，果真跟大家猜测的一样，等他的钱花完了，女友也跑了。如果他仍然执迷不悟，我想，下一次他碰到相同状况的几率，恐怕很高。

有人说“失败是成功之母”，这句话其实只对了一半。失败本身其实没有任何价值，除非，我们能从失败中吸取教训，而且是正确的教训，这样一文不值的失败，才能成为珍贵的黄金。

心灵小语

每一次的挫折，都是让我们学习的机会，

但前提是——我们必须要找出问题的症结，

看出失败的真正原因。

“画错重点”的学习，

就像坏掉的罗盘，

只会把我们导向错误的地方。

21 旅行的意义

旅行的意义是过程，而不是目的地。

真正的旅行如此，人生的旅行亦然。

有一个男子很喜欢旅行，在某一趟旅程中，他有一段奇遇——他居然遇上了一个精灵，还与精灵相谈甚欢。心情大好的精灵，决定送给男子一个愿望。

精灵的美意，却让男子有点伤脑筋。因为他其实没什么欲望，既不想发财，也不想升官，该许什么愿望好呢？男子歪着头想了老半天，最后终于有了主意："我酷爱旅行，但旅行既花钱又花时间。不如这样吧，请你赐予我'瞬间移动'的本事，这样我就可以想到哪里，就到哪里！”

精灵一口答应。而就从那天开始，男子只要在脑海中默想着某个地方，半晌后睁开眼睛，就会发现自己已经到了目的地！从此，男子更可以无拘无束、快乐地旅行。

但是，只过了短短半年而已，男子就再度出现在精灵面前，恳求他收回这项能力。

“为什么呢？”精灵不解地问，“能省去漫长的路途，自由自在地云游四海，难道不好吗？”

“是没有不好，”男子说，“我已经利用这项能力，去了遥远的北极、高耸的圣母峰，还有一望无际的撒哈拉沙漠。”

“那不是很棒吗？”

“能立刻到达目的地，确实省时省力又省钱，”男子露出微笑，对精灵说，“只是，我发现路程消失了，旅行的快乐好像也消失了。”

男子那肯定的笑容，让精灵了解了一切。精灵也报以微笑：“我明白了。”

精灵收回了他所赐予的能力，男子从此又是那个平凡的男子，却也是个最快乐的旅人。

我也喜欢旅行，喜欢按照自己的方式游览，遇到喜欢的地方，就慢慢地逛、缓缓地欣赏，就算留在这个地方几天也无所谓。

只不过，回想起来，旅行最强烈的记忆，竟然不是那些巍峨的历史古迹，也不是壮丽的大山大海。烙印在我心里的，不是某个“目的地”，而是“旅程的本身”，像是一班差点搭不上的飞机，某个和我多聊了几句的小贩，或是透过车窗看到的、当地人的日常生活。

常听到有人因为达不到自己的人生目标而烦恼，像是不能做想做的工作、娶不到心爱的女人、存不到人生的第一个百万。再执着一点的，还会为此郁郁寡欢，甚至罹患忧郁症。

听多了，不免感慨，是否我们的人生，都太执着于“目标”，因而对人生旅途中的风景视而不见？如果无论我们怎么努力，终其一生却都达不到“目标”，那么我们又应该怎么办？难道生命就这样虚度了吗？

当然不该如此。况且，生命毕竟不是观光行程，会走到哪里没有地图，当然也不会有直达专车。许多时候，我们不甘不愿地放弃原本的目标，逼不得已地走向另一条路，最后却发现在尽头等着我们的，竟是柳暗花明。

有个朋友从小就梦想成为明星，积极地参加演艺训练班。可是，当他真的跨足演艺圈后，才认清自己根本没有当明星的本钱，因为他既不会唱歌跳舞，也不会演戏，好不容易混到个小角色可演，却连连NG，被导演骂得很惨。最惨的是，和演艺圈的俊男美女一比，他才发现自己的长相真是其貌不扬。他沮丧又难过，觉得从小的美梦就像泡沫一样幻灭消失了。

可是，正因为演艺圈，他接触到造型彩妆业。一开始，他是为了糊口，才勉强自己去学造型彩妆，没想到愈学愈有兴趣。

十几年过去了，现在的他，被很多知名艺人尊称为“老师”，尽管他没有成功站上表演的舞台，却在自己的人生舞台上散发着光芒。

这，就是人生吧？我们应该享受的，其实是过程，而没有必要让那个未知的结果糟蹋了我们的生命。

心灵小语

我们常常急着赶向某个人生的“目的地”，

那个目的地，可能是最棒的工作、最完美的情人、最诱人的金钱。

我们误以为只要达到目标，就可以得到美好人生，结果却发现那其实只是幻影。

太急着赶路，反而让我们错失了一路上的风景，这是多么可惜啊！

22 心静了，鸟就来了

静心，
才能让一切趋于圆满。

有个喜欢摄影的男子，某天无意间抬头一望，恰巧看到一只鸟站在枝头唱歌。他被鸟儿的风姿深深吸引，决定尝试鸟类摄影。

某天他起了大早，跑到山中。只是，鸟儿似乎不肯与他合作，男子整天在山径上奔来跑去，别说没拍到半张精彩的照片，就连只鸟儿的影子都没看到。

就在他气喘吁吁的时候，远处走来一个手拿望远镜的赏鸟人。

“你来这里赏鸟吗？”男子抱怨，“我怀疑这座山上，根本连一只鸟儿都没有！”

“怎么会没有呢？”赏鸟人听了很惊讶，“我今天明明看到很多鸟啊！”

得知男子的窘境后，赏鸟人指着一颗大石头，告诉男子：“只要你坐在这颗石头上，半个小时都别说话，也别动，我保证你一定拍得到好照片。”

男子半信半疑，但还是照做了。而赏鸟人也悠闲地在他身边坐下。

果真如赏鸟人所说，过了不久，小径的转弯处传来一阵鸟鸣。男子拿起相机，拔腿就想狂奔过去，却被赏鸟人阻止：“别动！你坐在这里就好！”

“可是……”

“听我的就对了！”

不一会儿，群鸟失去了声息，显然是飞走了，男子觉得十分可惜。又过了一会儿，身后的树林里又响起一阵鸟啭，让男子坐立不安，频频回头。

赏鸟人又阻止他：“别动！你坐在这里就好！”

男子心里虽着急，却也不好意思违背赏鸟人的意思。不过几分钟，鸟儿又飞走了。男子忍不住感慨，又失去了一次好机会。

接下来的几十分钟，森林里一点动静也没有。男子觉得无聊，心也随之放空，耳朵却渐渐地听到了声音——原来，森林其实并非寂静无声，反而相当热闹。风拂过树叶的沙沙声、夏蝉的唧唧声、青蛙的呱呱声……就在他陶醉其中，几乎忘了自己上山的目的时，突然间，鸟来了！

一大群山鸟，赫然出现于近在咫尺的枝丫上，红的、黄的，就像一片片有生命的落叶，绚烂夺目。男子连忙拿起相机，捕捉下美丽的镜头。

鸟群飞离之后，男子连忙感谢赏鸟人，接着挥挥手，与萍水相逢的他告别。对于摄影、对于生命，他都学到了重要的一课——静心，才能让一切趋于圆满。

有一个朋友是位年轻的妈妈，跟我分享了一件她的糗事：有一次，她带着孩子去一家百货公司，买了一台颇为昂贵的相机，然后坐地铁回家。但下地铁后，她赫然发现自己一时糊涂，竟把装着相机的纸袋忘在地铁上了！

她焦急地拉着孩子，直奔地铁服务台，慌慌张张地把事情的经过告诉服务人员。服务人员联系了那班地铁的列车长，幸运地找回了她遗失的东西，只是她得到下一个地铁站领取。

这位妈妈于是着急地重新买车票，连忙赶到下一个地铁站，在偌大的车站里兜了好几圈，终于找到服务台，寻回了相机。接着，急着回家煮饭的她，又带着孩子买票、上地铁准备回家。

这一天的波折，搞得她又烦又累，心情糟透了！接着，地铁到站了，她连忙拉着孩子，挤过下班爆满的人群下车。让人不可置信的是，下了车，她才发现自己竟然又忘了拿那个装着相机的纸袋！

这位妈妈的迷糊，真让人啼笑皆非。她自己回想起来则又叹又呕："唉！如果事发当时我能冷静一点，就不会发生这么糊涂的事了！"

掉东西只是一件小事，人生中还可能遇到太多更为重大的突发状况，因此感到焦虑是人之常情。只是，事后回想起来，我们却会发现着急其实没有任何帮助，只会让事情更混乱、心情更忧郁罢了。那么，我们又何必焦急呢？

发现自己情绪失控，陷入慌张时，第一件事就是请先强迫自己，让自己冷静下来。静心之后，我们不但能找出更好的解决办法，同时做起事来也更能有条不紊，避免一时的冲动，造成更多难以收拾的结果。

心灵小语

焦虑从来不能帮我们解决任何事情，

只会火上加油，让自己愈来愈慌乱，

在“忙中有错”之下，麻烦变得愈来愈纠结。

“静心”是解决困扰的第一步，

冷静下来之后，

你往往会发现解决方法也呼之欲出了。

23 这个世界，很大又很小

心愈大的人，就是愈快乐的人，
同时也是愈自由的人。

有一座寺庙为了庆祝佛陀圣诞，准备在离寺庙有一段距离的山脚下方，竖立起一尊大佛。

这尊佛像非常巨大，光是他的眼睛，就有一层楼高；他的手掌之大，足以让几十个小沙弥站在上面都不成问题。

负责制作佛像的师傅来到寺院，在院里的空地上日以继夜地赶工。小沙弥们全都兴奋极了，天天看着师傅逐一完成佛像的大手、大脚。所有的小沙弥都很期待，心里幻想着：佛像竖立起来，一定很壮观、很惊人！

终于到了佛像竖立的日子。好几个工人费了九牛二虎之力，才把佛像用牛车推到山脚下，并展开组装的工程。

又过了好几个小时，终于大功告成了。庄严的大佛朝天耸立，映衬着身后巍峨的山脉和蓝天白云。

完工的消息传来，小沙弥们迫不及待、成群结队地跑到寺院外朝山脚张望。看到了那远处大佛是没错，只是，他们却纷纷露出失望、怀疑的表情。

大伙儿默默无语地看了老半天，终于有个小沙弥开口说出了大家的心声："咦？佛像怎么好像缩小了？"

一旁的住持听了，摸摸小沙弥的头，微笑地说："不是佛像缩小了，而是虚空太大了。"

为什么小沙弥会觉得佛像"缩小"了？佛像本身确实很大，但当他一被竖立起来，与旁边的山脉相比，他就显得小了；再与一望无际的天空相比，他就显得更小了。

不过，真正"可大可小"的，其实，并不是一切有形的东西，而是我们的内心。

有个朋友因为丈夫外遇而离婚，她一度得了忧郁症，也曾经借酒浇愁，逢人就说她先生的不是，听到大家都腻了、怕了。一年一年过去，她仍不愿意从怨恨、不甘心中清醒过来。

直到有一次，她被朋友硬拉到偏远学校做义工。她本来兴趣缺缺，但与天真的孩子相处了一天，那天晚上她回到家，竟然不再失眠，而且觉得睡得非常香甜。从此，她成为偏远学校课辅义工的成员。

很多年后，当她再次谈到自己失败的婚姻，已经显得云淡风轻。有人问她为什么会有这么大的转变，她自己也说不上来。

我想，这是因为她的视野打开了、格局变大了。因为看到别人的“不足”，她学会了“知足”；因为了解到别人的“不幸”，她渐渐试着发觉自己的“幸福”。最后，她终于饶过了自己，把眼光专注于更庞大、更有意义的目标上，不再执着于个人不顺利的小情小爱。

这个世界是如此辽阔，我们有把自己关在象牙塔里，每天忙着钻牛角尖的自由，但也有“走出去”的自由，只看我们做出什么样的抉择。

心，可以很大，也可以很小。心愈大的人，就是愈快乐的人，同时也是愈自由的人。

心灵小语

这个世界很大，

但如果我们不愿意走出去，它就会变得很小；

这个世界很精彩，

但如果我们闭上眼睛，就什么也看不到。

24 那些钱也买不到的事

工作，是为了赚钱。

可是，千万不能让工作“只剩下赚钱”。

某个小镇里有一家诊所，诊所虽小，但由于医师医术高超又有爱心，上门看诊的病患始终络绎不绝。

有一天，拥挤的候诊室里，出现了一张陌生的面孔，但谁都没有注意到他。直到看诊时间结束，这位陌生人才走到医师面前，向他自我介绍。原来，他是市中心某家大医院的院长，由于听说这小镇医师医术卓越，特别亲自过来一探究竟。

院长表示，希望小镇医师能到他们的医院服务，并开出了极为优渥的条件。小镇医师听了又惊又喜，一口答应下来。

因为，这医师其实收入不高，害得妻子孩子时常吃不饱、穿不暖；另外，还有一个更重要的因素吸引着他——大都市的医院，来就医的人当然比小镇更多，这样他岂不是能帮助更多病人吗？

只是，到了约定就职的当天，小镇医师却没有出现。坐在大医院办公室里等待的院长，接到了他的电话，语气中充满了歉意："对不起，我没有办法过去工作。"

"为什么？"院长听了觉得很诧异，"如果你觉得薪水太少，我可以给你加薪。"

"不，您提出的薪水已经非常优渥了。"

"还是你觉得上班时间太长、福利太少？"

"都不是。"医师顿了一会儿，说，"不瞒您说，能到您的医院任职，我们全家人都很高兴。早在好几天之前，我们就已经兴奋地收拾好行李，今天起了个大早，准备出门搭火车。"

"那究竟是出了什么问题？"

"一打开家门，我和妻子都愣住了。"那医师开始有点哽咽，"几乎所有的镇民，都挤到我家门外，全都想送我们一程。他们之中，有些和我依依不舍地话别，有些一句话也说不出来，只是难过得泪流满面。所以，我和妻子决定折返，我要继续担任小镇的医师。"

院长听完，沉默了一会儿："我了解了。愿神祝福您。"

挂完电话，院长忍不住露出微笑。

事实证明自己仍然宝刀未老，没有看错人——这位医师，的确是位不可多得的好医师。

有一次，有个朋友告诉我，她到某家餐厅吃饭，遇到一位态度非常恶劣的服务生。只是，她说这件事的时候，语气里不但没有丝毫的愤怒，反而透露着怅惘，让我有点摸不着头绪。

于是，我好奇地问："遇到这样的服务生，难道你不生气吗？"

"不会啊，我为什么要生气？我反而觉得那个服务生好可怜哦！"她叹了一口气。

"可怜？为什么可怜？"我愈来愈听不懂。

"她用这样的态度工作，不难想见她一定很讨厌自己的工作。"朋友解释，"她讨厌这份工作，却还是天天做，难道不可怜吗？"

听到这里，我终于明白了。朋友说得没错，确实很可怜。

当然，造成那服务生"很可怜"的原因，当然并非服务业本身。"乐在服务"的人，其实大有人在。以前我时常光顾一家餐厅，餐厅里有位服务生，工作非常认真，对待客人也体贴细心。熟悉之后，偶尔我们会聊上几句。我问他："餐厅的工作一定很辛苦吧？"他回答我："辛苦是难免啦！但我觉得这份工作可以时常和人互动，很好玩呢！"

渐渐地，我们成为了时常联系的好朋友。后来他工作的餐厅歇业了，他转到另一家餐厅任职，几年后还升了店长。这么多年来，每当谈到自己的工作，他总是笑嘻嘻的。

工作，当然是为了赚钱。可是，如果工作“只剩下赚钱”，那么，工作就会变得苦不堪言。而愈觉得自己的工作“痛苦”，我们就愈提不起劲，事业表现要好也难，形成恶性循环。

其实，再简单的工作，也都有它的意义存在；再平凡的工作，也都有其不可或缺的重要之处。从来没有人可以小看你的职业，除非你自己先小看自己。

心灵小语

如果工作的理由“只剩下赚钱”，

那么我们不但难以享受工作的乐趣，

每天还会过得痛苦无比。

试着在自己的工作中，

发掘出金钱以外的价值，

我们将更能享受自己的职场生涯。

25 骨子里是什么样的人，就会做出什么样的事

如果环境不会改变，

那我们就改变自己。

有一个年轻人非常懒惰，大学毕业多年，却始终在家当“啃老族”，生活所需全都依赖父母。

父母屡屡催促他找份工作，年轻人虽然勉勉强强去谋职，却都做不长久，不是嫌公司太远，就是嫌工作太辛苦。

终于有一天，父亲发火了，狠狠把儿子训了一顿。但这个年轻人却不认为是自己的错，摆出无辜又无奈的表情，说：“不是我懒惰，只是我找不到好工作啊！”

父亲突然拿起桌上的一个苹果，砸在地上，又拿起一个苹

果，砸在墙上，再拿起一个苹果，砸在地毯上。苹果被砸了个稀烂，果汁四溅。

接着，父亲大声问儿子："我问你，砸在地上的苹果，流出什么？"

儿子吓傻了，老老实实地回答："苹果汁。"

"砸在墙上的苹果，流出什么？"

"苹果汁。"

"那砸在地毯上的呢？"

"还是苹果汁。"

"苹果不管砸在哪里，流出来的都是苹果汁，不可能流出橘子汁，也不可能流出西瓜汁！"

这是当然的啊！儿子心里想着，觉得父亲可能是气到发疯了。

"你骨子里是个勤劳的人，到哪里都会勤劳；你骨子里是个优秀的人，到哪里都会优秀；你骨子里是个扶不起的阿斗，到哪里都是个扶不起的阿斗！"

台湾年长一辈的人，一定不会忘记那个电视刚兴起的时代，台湾的"天才童星"纪宝如。

纪宝如5岁就出道，由于模样可爱加上演技杰出，小小年纪就一炮走红，成为家喻户晓的巨星；19岁那年，她结婚生子，从此淡出演艺圈。

直到近年纪宝如接受媒体采访，人们才知道在光鲜亮丽背后，她究竟过着什么样的日子：她是小老婆的女儿，从小爹不疼、娘不爱，在隔代教养之下成长。她从小就得不到关爱，时常挨打挨骂。进入演艺圈后，纪宝如被视为摇钱树，祖父母只让她拍戏，不让她读书，为了让她的童星生涯可以延续久一点，甚至带她到医院，强迫她打针，推迟成长的速度。

对爱的渴望，加上极想脱离原生家庭，纪宝如19岁就怀孕结婚。以为新的人生将是幸福的开始，没想到，等待她的，是接二连三的悲剧：她的长子一出生就罹患罕见疾病，肚子破了一个大洞，肠子漏在外面，经过手术才救回一命；她的丈夫外遇，最后死于一场火灾。

接连的打击，让纪宝如自暴自弃。她到酒店上班，每天酗酒，喝醉了就打孩子出气；她不知道自己为什么要“活着”，她成为破坏别人婚姻的第三者，好几次自杀未果。后来，长子罹患了严重的躁郁症，屡屡进出精神病院，次子贩毒坐牢。

她的人生，眼看就要“烂到底”了。可是，信仰拯救了纪宝如。改变她人生的关键词，是“和好”与“悔改”。

她学会了“和好”。与父母和好，与祖父母和好，与夫家的亲戚和好。她终于了解，那些过去的不愉快，早就应该随风而逝了。她该关注的不是过去，而是现在和未来。

她学会了“悔改”。她说，以前总是怪东怪西，认为都是“别人”害她变成这样的。可是，信仰让她鼓起了勇气，承认自己的错误。她辞掉酒店的工作，挥别纠缠她十多年的酒精，她和不适合的交往对象分手，同时努力地修补和孩子的关系，弥补亏欠他们的爱。

后来的她，成立了公益团体，帮助孤苦的老人和智能障碍的朋友。她自掏腰包到许多教会做见证，还出书分享自己的故事，希望鼓励到更多的人。

我去访问纪宝如时，她的亲和、温暖和耐心，让我非常感动。访谈结束，她甚至握着我的手，替我祝福，替我祷告。

她的故事，带给我莫大的启发。“和好”与“悔改”，该是人生中最困难的两件事，可是她全都做到了。这需要多大的勇气、多大的毅力。

她的故事也证实了：无论人生再多挫折、再多考验，无论外在的环境如何恶劣，我们都可以决定，自己究竟要成为一颗“烂苹果”，还是成为一颗“好苹果”！

心灵小语

也许，你难免会觉得大环境不好，

觉得很多人对不起你，所以你不快乐。

但是，可别忘了，抱怨、指责，甚至仇恨，

从来没有任何作用，

只会让自己愈来愈愤世嫉俗。

期待改变，就从改变自己开始吧！

26 用一辈子，做好一件事

那些拥有舞台的人，往往未必是个中翘楚，

而是最专注、最执着的人。

有一个40岁的上班族，某天饭后和妻子一边喝茶，一边闲聊。

妻子突然问他："如果可以重新选择，你这辈子想做什么工作？"

他想了想，说："如果可以重新选择，我可能会去学习打铁吧！我对铁工艺一向很有兴趣。"

"哦？"太太又问，"那么，你当时怎么没有去学呢？"

"当时怎么可能呀！"男子苦笑，"当时，我想赚钱，想买房子，想买车子，也想娶老婆。打铁赚不了什么钱，我怎么可能抛下一切去学？”

“可是，现在你赚了钱，买了房子，买了车子，也娶了老婆。”妻子又问，“那么，你现在为什么不去打铁？”

这番话，让男子如梦初醒。他真的辞去了工作，从零开始学习打铁。

后来，又过了许多年，男子的技艺日渐进步。他创作出的作品，无论是铁茶壶、铁香炉，还是铁门牌、铁把手，虽然都是日常用品，却流露着浓厚的艺术气息，在市场上十分抢手，供不应求。

现在，这个男子已经是70岁的老人了。他不再是当年那个平凡的上班族，而摇身成为日本一代铁艺名匠。

某次他接受媒体采访时，回顾他那传奇的人生，说出了这样的结论：“如果某一件事，你觉得自己可以做到，那么，你大概可以做到；如果某一件事，你觉得自己做不到，那么，你永远不可能做到。”

偶然之中，在电视上看到这位日本铁艺宗师的真实故事，内心非常感动。这位大师，能够有支持他逐梦的妻子，是一种幸福；能够拿出勇气，以实际行动去改写自己的人生，是一种幸福；最后，他的梦想得以开花结果，更是莫大的幸福！

我认为，关于“梦想”这个主题，他以自己的人生进行了最好的诠释——梦想之所以不再是梦想，而能成为现实，关键在于“实践”。而且，既然称为“实践”，那么你投入的时间就不能只是一天、两天，或是一年、两年，而可能花上一辈子的时间！

有个朋友颇有艺术天分，也有意朝创作领域发展。一下子听说她买了一台昂贵的相机，打算成为摄影家；一下子又说添购了一台摄影机，想当导演；一下子再买了一台高效能计算机，说是学习3D动画也不赖。

每件事三分钟热度的结果，就是她样样都懂一点，但没有一件精通，没有一件专业。最后只能一天到晚把抱怨挂在嘴上，逢人就抱怨："时不我与，空有才华，却没有一展长才的机会！"

另一个朋友，什么也不会，唯独擅长画漫画，也喜欢画漫画。他默默地画、傻傻地画，没有地方发表，只好刊在自己的部落格上，自娱娱人。结果，浏览人次愈来愈多，他因此受到出版社的青睐，不但正式升格为漫画家，甚至还有厂商找上门来，希望他成为商品代言人。

这个世界上，有趣的事情很多，但可惜的是，我们不可能精通每一件事，更不可能做好每一件事。

而那些别人眼中"拥有舞台"的人，往往未必是个中领域最天才的人，却是最专注、最执着的人！

心灵小语

逐梦，很美，但逐梦需要付出的代价，

却未必每个人都承担得起。

逐梦往往没有我们想象得浪漫，

且需要莫大的毅力。

对于梦想，

必须付出的时间可能是“一辈子”，

你，愿意吗？

27 一念好，一念坏，事都随心

同样的下雨天，有人咒骂天气，
却也有人能享受雨声的情调。

10年前，有个男子非常贫穷。每当他觉得心情不好时，就会低着头，绕着房子走上5圈。说也奇怪，每当他这样做，内心就会恢复平静。

10年后，那个男子的事业飞黄腾达，他买了一块土地，还盖了更大、更好的新房子。唯一不变的是，他仍保持了当年那个习惯——每当他觉得心情不好时，就会低着头，绕着房子走上5圈。

有一天，他的儿子忍不住好奇，问道：“爸爸，我从小看着你绕着房子走。每当你这么做时，心里究竟都在想些什么呢？”

“10年前，我绕着房子走，心里想：‘我的房子这么小，我这么贫穷，实在没有资格心情不好，我应该更努力。’”男子微笑地说，“10年后，我绕着房子走，心想‘我的房子这么大，我这么富有，我没有资格心情不好，我应该更知足。’”

无论是贫、是富，故事中的男子都有让自己“心情好”的方法。换个角度想，他是不是无论如何，也都能找出让自己“心情不好”的方法呢？房子小，他可以自省自己穷，羡慕别人有钱；房子大，他也能气自己忙，觉得自己赚得还不够多，不是吗？

影响我们心情的，往往不是某件事本身，而是我们脑海中的思维。

有个长辈对住在同一个屋檐下的媳妇很不满意，无论媳妇做什么事，她看了都有气。

媳妇煮饭，她嫌媳妇煮得难吃；媳妇不煮饭，她怪媳妇好吃懒做。媳妇早起，她抱怨看媳妇一整天真碍眼；媳妇晚起，她责备媳妇不知晨起问安。

偏偏这个媳妇也不是省油的灯，个性很强，感觉到自己动辄得咎，更加不愿示弱。最后，她与婆婆的关系只能以剑拔弩张来形容，两人都像随时会引爆的炸弹。

后来，那位长辈的儿子，因为工作调动关系搬去了南部的宿舍，媳妇也跟着离开了家。说也奇怪，久久才跟媳妇见一次面，婆媳间的感情反倒变好了。儿子、媳妇回家时，她居然还会跟媳妇一起逛逛市场，或上馆子吃饭，两人有说有笑。

那位长辈说：“我觉得媳妇搬出去之后，变了很多，比以前更懂事了。”

其实，那个让她烦恼的根源——她的媳妇并没有改变多少。改变的根本不是媳妇，而是她自己。

是南北两地的距离，让她对媳妇的包容度变大了，眼光也随之转换。所以她才有机会发觉，那个可恶的媳妇，其实也有可爱的一面。

同样的下雨天，有人咒骂天气，却也有人能享受雨声所带来的情调；遇到挫折，有人捶胸顿足，从此一蹶不振，却也有人能坦然接受事实，并谦逊地从失败中学习。哪一种人会比较快乐？哪一种人会比较容易成功？我想答案显而易见。

所谓：“一念好，一念坏，事都随心。”如果现实无法改变，那么，我们就只能改变自己，毋须用负面情绪苦苦逼着自己，让自己更加过不去。

心灵小语

让自己“心情好”很简单，

让自己“心情不好”更是容易。

如果，现实是我们无法改变的，

那我们就必须认知到：

生气痛苦是一天，快乐幸福也是一天。

聪明的你，会做出什么样的抉择？

28 太阳与月亮

感激那些最平凡的小事，

我们就能拥有最不平凡的幸福。

某个村庄里，几个男子闲来无事，便聚在树下天南地北谈天。

不知怎么的，话题突然聊到了太阳与月亮。其中有个人问：“你们认为太阳比较重要还是月亮比较重要？”

一个男子抢先开口：“那还用说吗？当然是月亮重要啦！”

“为什么？”

“你自己想一想嘛！”男子理直气壮地说，“晚上那么暗，我们当然需要月亮的光芒，否则就看不到路啦；白天已经这么亮了，太阳却仍傻乎乎地发光，岂不是多此一举吗？”

故事中的男子觉得太阳在明亮的白天发光，是“多此一举”，却忘了如果不是太阳发光，那么白天又怎么会明亮呢?

也许你会觉得他很傻，但现实生活中，我们也难免犯下相同的错误——对于那些一直爱着我们、守候在我们身边，无怨无悔对我们付出的家人，他们的好，我们往往视为理所当然，不但不知道感激，还可能有许多抱怨；但矛盾的是，那些相较之下没有那么亲近的人，像是朋友、同事、邻居，甚至陌生人，只要对我们略施小惠，我们往往就会感激涕零。

仔细一想，这样的心态真的很奇怪，但却人人都有呢!

有一次，一个朋友和老婆吵架，跑到我家来诉苦。他不停地抱怨，不知不觉就到了吃饭时间。我和先生听得都累了，肚子也都饿了，于是我就到厨房煮了简单的饭菜，请他边吃边谈。

朋友受到招待，不停地道谢，直说：“真不好意思，还麻烦你煮饭。”

我忍不住笑了：“我这辈子恐怕只会替你煮这一顿饭，你却感激成这样；你老婆天天都替你煮饭，你也该向她说声‘谢谢’，就别再抱怨了吧?”

他听了，先是愣了一下，接着也哈哈大笑，觉得我说得很有道理。

人生苦短，能和家人相处的时间，其实是有限的。既然有缘相聚，为什么我们还要把时间拿来互相嫌弃、彼此抱怨呢?

试着在平凡之中看见不平凡，学着抱持一颗感激的心，来看待所拥有的一切，你我都会发现，自己其实幸福得无与伦比。

心灵小语

人与人之间的相处，时常存在着一个盲点：

我们总是对最亲近的家人视而不见，

甚至还有许多抱怨，却对“外人”的一点小惠感激不已。

学会珍惜“真正重要的人”吧！

幸福其实一直都在，只是我们对它漠然无感。

le bellevue
bar restaurant grill
RESTAURANT

29 什么时候该吃饭?

“大家都这样”，

不等于“我也要这样”。

有个探险家到国外旅游，打算造访一个位于丛林深处的原始部落，于是聘请了一位部落男子担任向导。

旅程持续了许多天后，有一天，向导突然问探险家：“为什么你每天不停地低头看着那个叫‘手表’的东西？”

由于这个部落没有时间观念，探险家一时之间也不知该怎么说明。想了老半天，最后只好回答：“这样我才可以知道什么时候该吃饭。”

接着，那探险家反问：“你们部落没有手表，又怎么会知道什么时候该吃饭呢？”

“肚子饿的时候，就该吃饭啦！”部落向导毫不考虑地回答，一面露出不可置信的表情，瞪着探险家，仿佛他问了全天下最怪异的问题。

虽然有点失礼，但我暗自替一个好朋友取了个绰号，私底下提到他时，都叫他“结婚狂”。

从这个绰号不难得知，他想结婚，简直是想到快发疯的地步。他一天到晚把“好想结婚”挂在嘴上，收到别人的喜帖时更是羡慕又嫉妒。

后来，他认识了一个女孩，进而交往。可是，才交往短短几个月，他就急急地准备了鲜花、钻戒，跑到女孩的公司下跪求婚。在对方全无心理准备的情况下，浪漫“惊喜”很不幸地变成“惊吓”，这女生逃之夭夭。

有一次我忍不住问他：“到底是什么原因，让你这么想结婚？”

“因为年纪到了啊，和我年龄相仿的朋友，大家都结婚了啊！”他回答。

“所以，你根本是为了结婚而结婚喽？”

他被我这么一问，一时哑口无言。

没想到，几个月后，他真的结婚了！他在一次中学同学会上，与一位女同学重逢，两人进而产生感情。巧的是，那个女生也很想结婚，两个“结婚狂”一拍即合，举行了相当豪华的婚礼，成为夫妻。

只是，大家都不很看好这段婚姻。果不其然，两个根本“不熟”的人匆匆结婚的后果，就是大小争执不断。现在，我那个朋友正为了孩子的赡养费而烦恼不已。

也许，你会觉得“为结婚而结婚”的人，真的很傻，可是我们不也时常如此吗？我们为了买名牌而买名牌，“因为大家都在买”；我们为了赚钱而赚钱，“因为大家都说钱愈多愈好”。我们不但放任自己随波逐流，还拿这个去胁迫家人，好比对孩子说，“你该去补习，因为大家都说这样才有竞争力”“你该去考公务员，因为大家都说这样比较有保障”。

只是，“大家都这样”，就代表“我也要这样”吗？答案当然是否定的。然而，“大家都这样”所以“我偏偏不要这样”，这样偏激的想法，却也是危险的。

遇到某件事时，不妨先冷静下来，用理性倾听自己的心声，问问自己真正的想法，我们才能做出最明智的判断。

心灵小语

人是群体动物，当我们发现“别人都这样”，

但“我却不一样”时，难免产生惶惶不安的感觉。

所以，别人都结婚了，我也要；

别人都买名牌、开名车，我也要；

别人送小孩上补习班，我也要。

到最后，我们根本搞不清楚做这些事情的原因。

想清楚了，再做，

其实你没有必要事事都和别人一样。

30 上帝啊！请给我100万！

信仰给我们力量、给我们依靠，
而不是利益的交换。

有一个男子非常贪心。但有一天，上帝却突然出现在他的梦中。他想机会难得，一定要拜托上帝赐予他荣华富贵，又不好意思直接开口，只好先拐弯抹角地，随便找个问题问道：“上帝啊，对您而言，100万年有多长？”

“对我而言，100万年就像一分钟。”上帝回答。

男子又问：“那么，对您而言，100万元是多少？”

“对我而言，100万元就像一块钱。”

男子这下子乐了：“那么，可以请您给我一块钱吗？”

“当然！请你先等我一分钟。”

有个朋友经营一家餐厅，虽然没有因此大富大贵，日子倒也过得相当安稳平顺。

后来，她开始信奉一个“老师”，凡是要招募新员工，她一定请那“老师”先看过应征者的五行八字，只录取会“旺”她餐厅的人；她也时常出钱出力，跟着那“老师”出国，据说是要去做法事、消业障。

她对那个“老师”佩服得五体投地，直说那“老师”有神仙加持，会通灵，一直怂恿我也去让那“老师”给算算命。

我实在太好奇了。有一天，我真的跟她去拜访了那位“老师”。

只见那“老师”打扮得非常时髦，染了一头棕色的头发，手上戴着闪亮亮的大钻戒，一点也不像个修行人。

那老师问了我的名字、出生日期，接着煞有介事地在纸上算了算，肯定地说：“你工作很不顺利？”

“还好耶，我觉得蛮顺利的啊！”

“你都赚不到钱吧？”

“虽然没有发大财，但日子过得还可以。”

接着，她又问我结婚了没，有没有小孩，我全都据实以告。

“你老公脾气很差！”

“呃？他是出了名的好好先生，很少生气的。”

“你小孩‘卡阴’啦！她是不是晚上都睡不好，常莫名其妙地哭？”

我都不好意思回答了。我小孩还没满月时，就能一觉到天亮，现在是连打雷、挖马路都吵不醒。

或许是因为说的话被我一一否定，那老师有点恼怒，有点不耐烦地问我："你是做什么工作的？"

"我写了几本书。"

"什么书？"

"励志书。"

"会有人跟你问问题吗？"

"有时候会有读者写信来。"

"千万不可以回信哦！"那"老师"又恐吓我，"如果你帮他们解惑，他们的'业障'会转到你身上！"

"哦，那我应该怎么办？"

"你可以介绍他们来找我，让我替他们做法事消灾。"

实在是太荒谬了。但碍于朋友的面子，我没有多说，匆匆告辞离去。一出了那"老师"家，我忍不住哈哈大笑。

什么"老师"，根本是个骗子嘛！

我想，这自称通灵的"老师"，其实只是掌握了一个简单的道理——人生中的困扰，其实大抵不脱那么几项：工作、金钱、感情、健康。她说我"老公脾气不好""小孩爱哭"，只是无数家庭共同存在的问题，乱枪打鸟，要猜中并不难。然后，蒙对了再用"业障""卡到阴"等字眼恫吓对方，也难怪很多人心生恐惧而上当。

后来我才知道，朋友信奉那个"老师"入迷，花了不少钱向她购买号称可以“开运”“招财”的水晶，亲朋好友怎么劝也不听，全都拿她无可奈何。

我相信这个世界真的有神明的存在，只是，如果神明真的“有求必应”，信徒要钱，他就给钱；信徒要名，他就给名。既然贵为神明，又怎么可能做出这么愚昧的事呢？

信仰，不可能让我们的人生从此一帆风顺，无忧无虑，但信仰却能给我们寄托，给我们依靠。如果奢望靠着“信神”而换得荣华富贵，那么就本末倒置了！

心灵小语

信仰能给一个人的，是内心的平安与依靠，

而不是与神明“谈条件、换好处”——

我信了你，我就可以发财；

我信了你，我就可以家庭和睦；

我信了你，我就可以从此心想事成。

当信仰沦为利益的交换，不但失去了意义，

也会给不肖的神棍可乘之机！

31 谁是世界首富?

那些被社会评断为“最有价值”的人，

往往不是最有钱的人，

而是贡献最多、最无私的人。

有一群大学生即将毕业，某天在课堂的空当，大家七嘴八舌地讨论起未来的工作与出路。

老师没有插话，只是沉默地在一旁听着，却愈听愈觉得忧心。因为学生们谈话的内容，似乎只围绕着一个字打转——钱！

当讨论告一段落时，老师站上讲台，向大家宣布：“我要问大家一个问题，答对的人，期末成绩加20分！”

一听到“加分”，叽叽喳喳的学生顿时都安静了下来。

老师清清喉咙，提出了问题：“请问各位，20年前的世界首富是谁？”

学生们都愣住了。“老师，怎么可能有人记得20年前的世界首富啊？”

“好吧，那我换一个问题。”接着老师又问，“10年前，对你们最好的人是谁呢？”

这么一问，大伙儿都抢着回答，有人说是自己的父母、有人说是当时的老师，还有说是邻居的大姐姐。

老师微笑地说：“这下你们应该明白，对所有的生命而言，究竟哪一种人有意义，会在你们心里留下价值了。”

我以前出版社的老板，有一次跟我说，他面试过许许多多员工，有一种人，他绝对不会录用——这种人虽然会很热切地提出问题，但他关心的并不是工作内容，也不是公司的发展前景，而是“什么时候会加薪？”“有多少福利？”“可不可以不要加班？”

站在求职者的立场，为自己争取最好的待遇，并没有错；但站在老板的立场，难免会产生的顾虑是：这个人开口闭口都是“钱”，进了公司，难道不会跟我锱铢必较吗？用了这样的人，岂不是替自己找麻烦？

或许很多人会觉得这种应征者很“白痴”，但这样的人真实存在，而且为数还不少呢。

我们生活在一个“物质万岁”的世界，媒体最喜欢追捧的，是那些日进斗金的大老板，好像只有“有钱”，才等于“成功”。我曾在无意之中看到一个谈话节目，制作单位请来很多女明星，炫耀自己的名牌皮包、鞋子，或夸口光是孩子的补习费，就砸了几百万。这节目的主持人，还是我过去相当欣赏的一位名作家。

看了真是让人感叹又讽刺。这位作家在书里教人惜福、知足，节目上却忙着推崇奢侈消费，这难道是一种人格分裂吗？这位作家不知道有没有想过，这样的节目，会对多少懵懂的青少年产生多少负面影响？所谓“社会风气的败坏”，难道不就是这样一点一滴累积而成的吗？

有钱，当然很好；有钱，当然也不是罪恶。只是，金钱绝对不该成为我们社会最重要的价值，甚至唯一的价值。

那些被个人或是社会铭记在心，被评断为“最有价值”的人，往往不是最有钱的人，而是贡献最多、最无私的人。这个世界是要继续拜金，抑或走出一条不一样的路，每个小小的你我，都是那个可以做决定的人。

心灵小语

没有人记得20年、30年，

乃至50年、100年前的世界首富是谁，

但我们却永远记得特蕾莎修女、甘地、史怀哲。

永垂不朽的价值，

从来不是金钱，而是人性的真善美。

32 把事做好，也要把事做完

在职场上，人们重视的是“结果”，

而不是“过程”。

北村住了一个傻子，他花了三天三夜，翻过了一座山，来到南村旅行。

来到南村，他听人提到一种叫“香蕉”的水果，据说这种水果又香又甜，便想尝尝看。只是，当时恰好不是香蕉的产季，傻子未能如愿。

后来他灵机一动：“吃不到香蕉，倒不如向人要一株树苗，回故乡自己种，将来年年都有香蕉吃，岂不是更好？”

于是，傻子逢人便问：“能不能分一株香蕉树苗给我呀？”

后来，傻子终于遇到一位香蕉农，愿意给他一株树苗。傻子高兴地接下树苗，转身就想回家。但他突然停下脚步，想了想，觉得还是谨慎一点比较好，便又追问："我既没看过香蕉，也没吃过香蕉，香蕉究竟长什么模样？"

那农人形容："香蕉长得又长又弯又黄。"

傻子心满意足，又花了三天三夜，回到了故乡。他将香蕉树苗种在院子里，每天浇水施肥，天天等，天天盼，期待香蕉结果的那天。

香蕉树一天天长大，终于有一天，结出了一串大香蕉。而且，真如那南村人形容的，香蕉的模样，果然又长又弯又黄。

傻子得意极了。他敲锣打鼓，集结了村民，慎重其事地发给大家一人一根香蕉，邀请大家一起品尝。

只是，大家只咬了一口，就全都吐了出来："这东西嚼起来像橡胶，难吃死了！"还有人嘲笑他："我看你一定被骗啦！这种东西怎么能吃呢？"原来，傻子与村人都不知道吃香蕉要剥皮，连皮一起啃，当然难以下咽！

傻子丢足了脸，又羞又愤地砍倒了香蕉树。

据说，后来过了很多很多年，每当傻子看到天上的新月，就会忍不住告诫子孙："月亮又长又弯又黄，香蕉也又长又弯又黄。切记切记，凡是又长又弯又黄的东西，都是不能吃的呀！"

故事中的傻子，花了许多时间心血照顾香蕉树，好不容易等到香蕉树结果的那天，却因为不知道吃香蕉要剥皮，最后把自己气个半死，先前的努力也全都付诸东流；现实生活中，有一种人，做事可能有“冲劲”，但什么事都不把它“做完”，最后落得功亏一篑、一事无成。

以前在杂志社上班的时候，有一次杂志需要一篇5页的漫画，便将这个案子委托给一位插画家。那插画家打好了铅笔草稿，编辑部看了十分满意，便请他将整张作品完成，并约定了截稿时间。

只是，眼看截稿期限已经过了一天、两天，那位插画家却完全“人间蒸发”，电话联系不上，电子邮件也不回复。

眼看出刊时间在即，我们只好急忙找来另一位插画家，拜托他将漫画赶出来。不料，过了几天，那位消失的插画家突然出现了。得知我们已经找人取代了他的工作，他竟暴跳如雷，气急败坏地说：“光是草图，我就画了四五天耶！你们这样做，害我之前的辛苦都白费了！”

我跟他解释，杂志有出刊的压力，也必须对读者有所交代。我们不可能因为他的图耽误了，而害得所有读者延迟收到杂志。但他还是一直嚷嚷着、抱怨着自己做了白工。

其实，害他做白工的，怎么会是别人，而是他自己啊！

这么说，或许有点残酷，但却是个不争的现实——在职场上，人们重视的是“结果”，而不是“过程”。如果你无法呈现出一个让人满意的“结果”，那么，无论你如何强调过程中多么辛苦、多么努力，真的都不会有人搭理你。

如果你不能“把事情做完”，无论你这件事做得多好，都将失去了意义。

心灵小语

任何事，唯有把它“做完”，

才能显示出你做得有“多好”。

面对工作时，多点毅力、多点坚持，

才不会让职场生涯，成为一张未完成的草稿！

33 其实，只有你能帮助你自己

如果你自己先举白旗投降，
认为“做不到”“没办法”，
那么，又有谁能够帮助你呢？

一个女人对禅师说：“师父啊，我心中有一个人，一直放不下。”

“没有什么是放不下的。”禅师说。

但女人十分执着：“不，其他的人，我都能放下；唯有那个人，说什么我也无法放下。”

禅师不再说话了。他默默地交给女子一个杯子，接着注入热茶。

禅师一直倒着茶，直到茶水满溢了出来，禅师却还是不肯停手。滚烫的热水瞬间流淌到女子手上。

女子一烫、一痛，马上松开了手。杯子摔在地上，砸了个粉碎。

她诧异地看着禅师。

禅师微笑地说："没什么是放不下的。痛了，你就会放下。"

碰到热烫的东西，实时闪避是生物的本能。但就人类来说，却有一个例外——当我们遇到会烧灼人心的感情时，我们往往不但不肯闪避，却反而将它紧紧抱在怀中不放。

因此禅师所说的话，我觉得对，却也觉得不对。这样的矛盾，似乎也是许多人在爱情中的矛盾吧？"我都知道，可是我做不到。"

有个读者写了好几封信给我。她在信中娓娓道来，说自己爱上了一个不该爱的男人。那个男人已经有家室，但她却放不下对方，因此陷入爱情的泥沼，感到痛苦万分。被这段感情折磨多年，她变得憔悴消瘦，甚至因为忧郁症丢了工作，生活更是雪上加霜。

看完这封信，我想了很久，却还是想不到该怎么回信给她，最后只能劝她好好爱惜自己，鼓励她振作起来。但我却觉得自己的信，顶多只能带给她暂时性的心灵安慰，说穿了，我写的那些，其实都是废话。

只是，我又能给她什么意见呢？因为从她的来信看来，她明明清楚怎么做对自己比较好，可是她偏偏做不到；她明知跟对方不会有结果，也知道这段关系伤害了对方的妻子、孩子，知道自己很不应该，但她却还是任自己沉溺其中；她的家人、朋友都劝她放手，但她就是没办法。

这就好比不少吸毒的人，明明知道吸毒不好，却又认为自己抽离不了；就算被强制戒毒，许多人勒戒后却还是急急地奔回毒品的怀抱。如此，就算有再多的义工、再多的医疗专家愿意在旁边帮助他、陪伴他，最后也只能两手一摊，爱莫能助啊！

当我们遇到耿耿于怀的事、纠缠不清的感情，最重要的第一步，就是停止催眠自己，不要再告诉自己“我没办法、我做不到”了。如果你自己先举白旗投降，认为“做不到”“没办法”，那么，又有谁能帮你呢？

面对那些无法逆转、错综复杂的情感纠葛，除了“快刀斩乱麻”，然后痛定思痛，其实我们也真的没有其他的路可走了。不断地告诉自己“我没办法”，只是让伤害拖得更久、更深罢了。

其实，从来没有人能帮助我们“醒过来”，除非我们自己愿意苏醒；没有人可以解除我们的心痛，除非我们自己愿意做出正确的抉择。

心灵小语

能将我们救出感情泥沼的，

从来不是别人，而是我们自己。

如果你不知道振作起来，

只是不断地催眠自己“我没办法、我放不下”，

那么，你就真的注定“没办法、放不下”了。

34 与佛祖银货两讫

把“对别人的好”当成泼出去的水，
收不回来，
也不要求对方的感谢。
这样才是“真的好”。

某座寺院里，一个打扮得珠光宝气、富人模样的男子，大摇大摆地走到住持面前，不客气地说：“喂，和尚！你知道我今天一口气捐了20两金子吗？”

“知道。”住持回答。

“那你为什么不跟我说声‘谢谢’呢？”富人颐指气使

地说。

“你是捐献给佛祖，又不是捐献给我，为什么我要跟你说‘谢谢’？”住持反问。

富人一时语塞，又拉不下面子，只好气急败坏地说：“我不管那么多啦！反正，不管是佛祖，还是你，非得有人要跟我说句‘谢谢’就对了！”

“好吧，那我就代替佛祖向你说声‘谢谢’吧！”住持补上一句，“但我猜，你这次的捐献不会有功德。”

“为什么？我捐了这么多钱耶！”男子很不服气。

住持缓缓地说：“你把布施当成买卖，把钱拿过来，把谢谢带回去，不已经跟佛祖‘银货两讫’了吗？怎么还能要功德呢？”

有一个女人，对人非常大方、热心。家族里，有人生了孩子，她一定送上水果，外加一个大红包；看亲戚家累重，她经常就会塞个一两万给对方；有人生病了，她就通过关系，替对方介绍名医。

照理说，这么好的人，应该大家都喜欢才是。只是，事实正好相反，大家都怕她怕得不得了。

为什么？因为她有个坏习惯，总是喜欢把自己的“好”，当作要挟别人的武器。别人稍有一点小事不顺她的心意，她马上翻脸如翻书，把过去的事挖出来，用来指责对方：“你忘了？我上次对你多好多好，你拿了我什么什么，你怎么可以不知道感恩，不知道报答？”

最荒谬的一次，是某个亲戚乔迁，她不管对方的推辞，执意要送一台空调。事后她因小事和这亲戚发生口角，竟然叫对方把买空调的钱退还给她。

最后，再也没有人愿意接受她的好意，谈到她，大家都摇头连连，甚至露出无可奈何、避之唯恐不及的神态。

跟这样的人相处，很累。但其实最可怜的人，并不是她周遭的人，而是她自己。一直把自己对别人的好放在心上，导致她一天到晚觉得“别人都对我不好”，然后看谁都不顺眼，认为全世界都对不起她，日子当然快乐不起来。

我们日常生活中的许多不快乐，不就是出自这种心态吗？

做妻子的觉得“我都‘替’老公煮饭，老公却不知道体贴！”做丈夫的埋怨“我都‘替’老婆赚钱，她都不知道感谢！”做父母的抱怨“我都‘替’小孩做牛做马，孩子却不知道感恩！”做员工的认为“我都‘替’老板赚钱，老板却不知道回馈！”

只是，我们究竟是替自己做，还是替别人做？话说回来，别人有逼我们一定要做吗？如果没有，是我们自己选择要做，那么又有什么好抱怨的，凭什么要求别人回馈？

觉得不值得做、不想做的事，那就不要做，总好过事后觉得不甘不平、抱怨连连；如果你还是要做，那么就快乐地做吧，不必去衡量自己可以获得多少回报。人们常说的“欢喜做，甘愿受”，其实就是让我们放过别人、饶过自己的不二法门。

心灵小语

如果你想对别人好，那么就做吧！

但千万别把自己的付出当做筹码，

拿它来要挟别人，期待应有的回馈。

因为，这种心态只会让你愈来愈不快乐，

觉得全世界都对不起自己！

35 究竟谁该吃安眠药？

人人都想改变这世界，

却没半个人考虑改变自己。

某天，有个男子的住家附近，突然聚集起一群野猫，猫儿愈聚愈多，每晚嚎叫不停，扰得男子根本睡不着。长期下来，他终于受不了了，便向身心科医师求助。

医师听男子说明原委后，开了强效安眠药给他。医师自信满满地说："这药保证有效，你回去试试看，两周后再来复诊！"

两周后，男子依约回到医院。只是，他的精神竟比上次更委靡，黑眼圈也比上次更深。

医师看了十分不解：“究竟是怎么一回事？难道安眠药无效吗？”

“说实话，安眠药有没有效，我真的不知道。”男子回答，“我每天晚上都在抓猫，好不容易才抓到一只。可是，就算它被我抓到了，却也怎么样都不肯吃安眠药！”

有一次，有个年轻的女性读者写信给我，说她看了我的书，觉得很受用，就把书拿给老公看。她气呼呼地写道：“我老公从来不看书，我要他一天看一篇，好不容易才把整本书看完。可是，他根本跟没看一样，依然不肯改掉自己的缺点，还是一样懒惰邋遢，一样没有上进心，实在气死我了！我究竟应该怎么做，才能改变他呢？”

唉！这真是伤脑筋，像不像“逼猫吃安眠药”的故事呢？丈夫能因为一本书而得到启发，甚至进而改变，那当然很好；只是，依照这位读者的叙述，先生明明不喜欢阅读，她却逼着他看书，还规定他得从此改头换面，这恐怕没有这么容易。

况且，阅读这件本来很愉快的事，成为夫妻俩吵架的导火线，更是本末倒置啊！又或许，该改变的人不是她的丈夫，而是她自己呢？

其实，从来没有一个人，会因为“别人”而改变，除非他自己愿意改变。“改变”这件事，循循善诱也许可能，但却不可能立竿见影，更是永远逼迫不来的。

即使你曾有勇敢改变的经验，但这样的过程，其实是如人饮水，冷暖自知，旁人难以体会。更何况，你觉得非常有用的方式，别人也未必受用。

既然如此，那就放宽心吧！与其费力去改变别人，不如先试试看调整自己的心态。自己改变了，我们做事的方式、思考的逻辑也会跟着改变，人与人之间的相处也会截然不同。

改变，往往就会在我们最意想不到的时候发生。

心灵小语

比起改变别人，

改变自己永远比较容易。

或许你认为自己有一套自我成长的好方式，

但它适用于你，却未必适用于别人。

“强迫推销”往往只会适得其反，

循循善诱才可能事半功倍。

36 对别人慈悲，也对自己慈悲

懂得对自己慈悲的人，
才有更大的余力对别人慈悲。

有个妇人家境优渥、内心慈悲，遇到需要帮助的人，她总是二话不说地伸出援手。乡里内举凡没有钱读书的孩子、饿肚子的穷人、生病却请不起医师的人，都曾受过她的恩惠。所有人都说，那妇人简直是救苦救难的菩萨化身。

可是，看了愈多的贫病愁苦，这个妇人的内心就愈不快乐。每天晚上，她躺在床上时，总是忍不住想："啊，这个世界需要救助的人何其多？我一个人力量有限，就算做到死，也做不完啊！”因此一个又一个的夜晚，她辗转反侧，彻夜无眠。而每当东方的天空才露出一丝曙光，她又匆匆地起身，急急地去帮助别人。日子久了，妇人变得憔悴消瘦，无论是她的身，还是她的心，都无法再承受多一点疲惫。

有一天，她见到一位高僧，忍不住一股脑地倾诉自己的烦恼。

高僧听完，说：“想解决你的痛苦，你就要拿出慈悲心。”

“师父啊，难道我还不够慈悲吗？”高僧的话，让妇人哭笑不得，“为了那些贫弱的人，我已经竭尽全力，再也无法做更多了。”

“不，你还忘了对一个人慈悲。唯有对那个人慈悲，你才可能离苦得乐。”高僧说。

“您是要我拿出钱来供佛？”

“不对。”

“还是您要我去敬献僧人？”

“也不对。”那高僧望着妇人，露出和煦的微笑，“你最该发挥慈悲心的对象，是你自己。”

故事中的妇人虽然帮助了很多人，却忘了帮助一个最重要的人——那就是她自己。“对自己好一点”不是自私，而是让身体获得充足的调养、休息；让自己的内心得到平静、安定。如此，才可能去做更多的事、帮助更多的人。

有一位爱心妈妈，在自家公寓收容了30多只流浪猫狗，却因为猫狗的叫声和臭味，引起邻居抗议连连，甚至联名希望她搬家。迫不得已之下，这位爱心妈妈只好向动物保护团体求救。一群义工来到她的家中，帮忙清理环境，同时也花了很多时间和她沟通，希望她不要再继续捡猫狗回家了。

义工的话，让爱心妈妈觉得很委屈："我也只不过是想帮助这些动物啊，难道爱心有错吗？"

爱心，当然没有错。只是，她却没有考虑，住在公寓里空间本来就有限，自己都快没地方睡觉了，猫狗又怎么会有活动空间？她收入不高，自己都要吃不饱了，哪有余钱去买饲料，又该怎么支付昂贵的动物医疗费？

最后，这位爱心妈妈终于听从了义工的建议，由义工协助，让民众认养她的猫狗，自己只留下两只狗继续饲养。

几个月后，义工们再度到她的家中拜访，她家里的环境变干净了，她脸上的笑容也增加了，邻居也不再抗议了。她的狗儿吃得饱，获得了充足的空间，健康和精神也都比从前更好。至于那些被出养的猫狗，则陆续找到了爱护它们的主人。故事的结局，皆大欢喜。

无论如何，我们都应该要避免自己成为一个极端的人——有一种人，永远觉得自己拥有的不够，不认为自己有余力帮助别人；另一种人，则是不管自己够不够，却不停地给予、给予。这两种态度，都是需要调整的。

其实，不懂得对别人慈悲的人，或是不懂得对自己慈悲的人，都永远难以得到内心的快乐。

心灵小语

对其他人奉献，很伟大。

可是，对别人慈悲之余，也别忘了对自己慈悲。

这么一来，我们才有更充裕的体力和精神，

去完成更多的工作。

Part 3

生命的难题不在阻碍我们的门槛，
而在于敢不敢跨过去

37 熟悉的地方，没有风景

幸福的前提，

是我们必须学会“看见”。

有一年，联合国举办了一场大型的夏令营，参加的学员是来自世界不同国家的小朋友们。

为了了解全世界孩童对“家”的想法，其中一个活动，是请孩子们写作文，主题是“我理想中的家园”。

住在热带的小朋友，写道：“真希望我的国家会下雪，这样我就可以去玩雪了。”

住在寒带的小朋友，写道：“真希望我的国家温暖一点，这样我就可以去爬山了。”

住在大陆的孩子写道：“真希望我的国家能小一点，这样我就可以天天看海了。”

住在岛屿的孩子写道：“真希望我的国家大一点，这样我就可以到处去旅行了。”

活动承办人员看到孩子们天真的作文，忍不住都笑了。

其中一个人，做出颇有深意的结论：“熟悉的地方，没有风景。”

我有个朋友住在山上，有一天我到他家玩，喜欢大自然的我，觉得非常羡慕：“你这里有树、有鸟，多好啊！”

“哪里好？”朋友翻了个白眼，“你知道山上蚊虫有多少吗？我家里常有各种乱七八糟的虫子钻进来，恶心死了！”

她想了想，又说：“还是你住在海边比较好。每天都能看到广阔的大海，心情要不好也难。”

“其实也没这么好。”我说，“海边湿气重，东西一下子就发霉；海风盐分高，电器也容易损坏。”

说完，我们对视了一会儿，忍不住哈哈大笑。

是啊！那句话真有道理：熟悉的地方，没有风景。

你有没有想过，在人生旅途中，我们究竟忽略了什么风景呢？我想，最常被我们忽略的风景，就是我们拥有的幸福吧！

我有一个朋友在疗养院当义工，有一次我去帮他的忙，却经历了一场震撼教育——那疗养院中，很多是重度脑性麻痹的朋友，一辈子只能躺在病床上度过。他们不能说话、不能随意移动身体，就连吃饭，也只能靠鼻胃管灌入流质的食物。

疗养院的人们，让我受到很强烈的冲击，更让我震惊的，是朋友的一番话。他说："你看到的这些人，现在可能是30岁、40岁。可是你知道他们进疗养院的时候是几岁吗？可能是3岁、4岁，然后，在这里一躺，就是几十年。他们的一辈子见到最多的东西，就只有病床上的白色天花板。"

当下，我真的觉得自己的人生没什么好抱怨的，也没有资格抱怨。

其实，能过得平凡踏实，就是幸福；能和家人相处在一起，就是幸福；有一份工作、有一点理想、生活里有一些小小的快乐，也都是幸福啊！

幸福，从来不是计较少了什么，而是能够细数自己拥有什么。幸福一直都在，前提是我们必须能够"看见"。

心灵小语

熟悉的地方，没有风景；

幸福其实一直存在，只是我们对它视而不见。

掌握住生命中每个微小的“拥有”，

就能累积出不凡的幸福！

38 敲石头的秘诀

成功的关键，
并不是那达成目标时的惊天一击，
而是无数失败累积而来的经验。

有一个年轻人辛苦地打拼创业，日以继夜地工作，却没有得到应有的回报。他的生意失败，惨赔了不少钱。

为此他意志消沉，好长一段时间都提不起劲来。

有一天他出门散心，经过了一家石头加工厂，对工人敲石头的方式感到很好奇，忍不住驻足观看。

只见一个白发苍苍的工人，拿起一颗砖块大小的石头，用锤子轻轻一敲，石头竟马上裂成两半。接着，那工人又再拿起一颗石头，也随便一敲就裂了，仿佛丝毫不费吹灰之力，就能让石头一分为二。

男子非常惊讶，上前问那位工人："先生，您年纪这么大了，怎么会有如此惊人的力气？难道您是大力士，还是有什么不可思议的神力？"

工人听了哈哈大笑："小伙子啊！我只是个平常人罢了！"他拿起一颗石头，凑到年轻人面前，要他仔细看看。

年轻人这才发现，那状似完整的石头上，其实已经预先敲了一排小孔，那些小孔极为缜密，想必花了许多时间，也难怪再用力一击，石头就应声断裂。

工人仿佛看穿年轻人的心事般，微笑地对他说："让石头裂开的，其实不是一次成功的敲击，而是在它之前，那100次不成功的敲击啊！"

很多时候，我们看到那些成功的人，总会误以为他们格外受到上天怜爱，才有"一鸣惊人"的机会，殊不知他们其实早就如同"鸭子划水"般，默默努力许久了。成功的关键，从不是那达成目标的惊天一击，而必须累积许多看似失败的努力！

有个朋友从小就不喜欢读书，但却非常热爱大自然，一天到晚往山上跑；他的数学不好、英文也不怎么样，却对各种鸟类、昆虫、植物的名称与特色如数家珍。高职毕业，他明白最适合自己的行业，就是从事生态领域的研究，但自己的学历却不足以让他找到相关工作。

由于认知到这一点，他当完兵、出社会后跑了几年业务，存够了钱，马上重拾书本，进入补习班，准备考大学。

这时候，他已经快要30岁了。这辈子他从不曾好好读书，记忆力也不如十几岁的年轻人，其中的辛苦和吃力，别人难以想象。

他一边工作，一边努力地读书。但第一次联考，他落榜了；第二次联考，又落榜了；第三次联考，还是落榜了。最后，他总共参加了5次联考，终于考上心目中的第一志愿——某大学生物系。后来，他又继续攻读硕士、博士，现在的他，是台湾首屈一指的鸟类学家，发表了很多重要的研究。

他的故事，让我很感动。一次大考的挫折都让人难以忍受，何况是接二连三的失败？让他永不放弃的原因究竟是什么？我想，那就是对理想的坚持吧。

某件事，若能一举成功，那当然非常幸运。但拥有这样幸运的人，其实只是少数。

记得小时候怎么学会骑脚踏车的吗？我们总是一面摔跤，一面羡慕地看着其他已经会骑脚踏车的孩子；我们一度打从心底怀疑自己是不是永远都无法成功，只会不断、不断地摔跤，然后，直到有一次，我们鼓起勇气踩下踏板，才赫然发现“我学会了”！

追求理想的过程，其实也是如此，成功，也是需要反复练习的。

心灵小语

成功敲碎石头的秘诀，

不是那最后的用力一击，

而是前面千百次看似失败，

却又不可或缺的敲击。

敲石头如此，追求人生目标亦然。

只要我们愿意从挫折中学习，

失败，也可以是成功的基石。

39 可以用说的事情，就不要用骂的

尽量避免动气，
对孩子好，对家庭好，
对你的心情更好。

有个3岁的小女孩坐在儿童餐椅上，拿着汤匙自己吃饭。

她的爸爸在旁边看着，却越看火气越大。因为女儿一下子东张西望，一下子摸摸玩具，一顿饭拖了一个多小时，就是没有吃完。爸爸终于忍不住了，拉高嗓门大声斥责：“女儿！你为什么要天天让我生气？”

女儿嘟起小嘴，用不以为然、小小的声音说：“爸爸，那你为什么要天天对我生气？”

朋友告诉我，他和女儿的这段对话，我听完忍不住笑了，还觉得这小女孩说的话，真是有几分哲理！

有一次到一个朋友家做客，她念中学的大儿子才在餐桌旁坐下，伸手抓了一片PIZZA，朋友就像被电到一样，突然惊叫起来：“你还没有洗手！脏死了！快去洗手！”

她这么一叫，不但让餐桌上原本愉快的气氛消失得无影无踪，也让客人尴尬、孩子丢脸。整顿晚餐，那青春期的孩子始终臭着一张脸，一句话也不说。

好吧，洗手确实很重要，但真的有这么重要吗？重要到值得毁了一顿晚餐？重要到值得让孩子尴尬得无地自容？

饭后，朋友又开始叨念孩子不知道帮忙收拾餐桌，也不会给客人倒饮料。那孩子生气了，躲到自己的房间里，再也不肯出来，朋友则不停地抱怨小孩叛逆、不听话、不懂事。

我真是非常同情那个孩子。母亲一天到晚“为小事抓狂”，导致家庭气氛紧绷，孩子在家中感觉不到放松，和母亲的关系变得剑拔弩张，又有什么好奇怪的？

也曾有烦恼的家长写信给我：我的孩子不喜欢阅读，我买了很多书让他读，但他偏偏就是不看。就算我骂他，他也不听。

说真的，孩子不喜欢阅读，是有点可惜，但也没有到需要“挨骂”的程度吧？现在不喜欢看书，那就算了，不代表他以后不会喜欢看书；况且，家长愈骂，只会愈让孩子视阅读为畏途，不是吗？

另一个相反的例子，是我的德国朋友。有一年他带读幼儿园的女儿到台湾玩，我们一起到餐厅用餐。那个小女孩和所有的孩子一样，看到父母的朋友、见到漂亮的餐厅，兴奋又开心，不知不觉讲话就愈来愈大声。

只见朋友低下头，轻轻地对孩子说："可以请你小声一点吗？你这么大声，会影响到别人哦。"

孩子放低音量后，他还不忘对女儿说一句："谢谢你，你真是帮了我一个大忙。"简直把这个小小的人儿当作成年人一样尊重。

我想，他的身教也影响了女儿。这个小女孩非常有礼貌，即使我只是帮忙把外套递给她，她也露出可爱的微笑，对我说："阿姨，谢谢你。"

当然孩子需要管教，但难道就不能用"文明"、成熟一点的管教方式吗？

你会对亲朋好友动不动就生气吗？如果不会，为什么要对孩子动不动就生气？可以用"说"的事情，就尽量避免动气，对孩子好，对家庭好，对你的心情更好。

心灵小语

孩子需要管教，但也需要尊重；

他是你的孩子，却也是一个独立的个体，

他也懂得“面子”，也需要尊严。

可以用说的事情，又何必用骂的？

40 其实，我并没有这么重要

把自己缩小一点，
快乐就会放大一点。

某个下午，国际书展的活动现场，同时举行着好几场作家的签售会。

其中一个世界知名的作家，正坐在高高的舞台上替读者签名。他的面前排着长长的人龙，每个人脸上都挂着兴奋又雀跃的表情。

作家看到自己这么受欢迎，不免有点志得意满。

后来，轮到了一个年约六七岁的小女孩。小女孩腼腆地笑着，她拿出笔记本和铅笔，羞怯地说："我只带了一枝铅笔，您可以用铅笔帮我签名吗？”

“这当然没问题！”大作家特意露出一个温暖的笑容，接着替小女孩签上大名。

不料，签完名，小女孩的脸上却流露出怀疑，接着问道：“咦？您不是某某漫画家吗？”

“不是耶！”作家有点尴尬，“那个漫画家在隔壁的展场签名。你应该是跑错地方了。”

“哦！”小女孩叹了口气，接着从口袋里摸出一个橡皮擦，把签名擦掉，若无其事地走了。

直到很多年后，作家都还记得这个小女孩。他总是说，小女孩替他上了毕生最难忘、最富有启示的一课：其实，我并没有这么重要。

有一次，我偶尔在一个亲子讨论版上，看到一位母亲的留言。

她说，某个周末，她与丈夫带孩子到公园散步，突然有个陌生的妇人走了过来，先是逗弄她的女儿，然后很突然地，伸手摸了小孩的脸。

这个妈妈认为未经家长同意，就随便摸别人的孩子，实在很没礼貌，所以就生气地说：“请不要随便摸我的小孩！”

那名妇人被纠正之后，有点不好意思，随口说：“哦，对不起，我不知道不能摸。”

不料，这句话点燃了那位母亲的怒火：“什么叫不知道？我可以打你一巴掌，然后说‘哦，对不起，我不知道不能打’吗？”

那妇人道歉连连，但为人母的却还是不肯罢休，噼里啪啦骂个不停，最后是她的丈夫硬把她拉开，她才悻悻然地离去，回家后气呼呼地上网发泄。

我也是个母亲，那位妈妈的不高兴，我能够理解。只是，这点小事，真的有必要这么咄咄逼人吗？就算要表达内心的不高兴，没有比较好的方法吗？把对方臭骂一顿，虽然出了一口气，但对孩子而言，难道是好的身教吗？

再多想一点，如果伸手摸小孩的对方，恰好也是个“狠角色”，被人这么追着骂，最后恼羞成怒，回嘴甚至动手，岂不是让事情更难以收拾？

每个人或多或少，都有自己的原则，不喜欢别人“踩线”。当我们的原则受到侵犯，心里产生不高兴的感觉，这是人之常情。而究竟要选择“大事化小”，抑或“小事变大”，则要看我们的EQ。

如果我们将自我看得太伟大，那么，我们就容易流于得理不饶人；如果，我们将自己缩小一点，对别人的无心之过包容一点，那么，我们就较能用“理直气和”的方式和对方沟通。

心灵小语

每个人都有自己的原则、自己的底线，

不希望别人侵犯。

只是，如果太过于强调“自我”，

那么遇到不合意的事，我们反应出来的行为，

就容易沦为咄咄逼人。

把自我缩小一点，对别人的无心之过包容一点，

我们的生活就能减少很多不愉快与冲突。

41 是谁打破了香水？

错了，就是错了，就算说出一千个、一万个理由，
错的事都不可能变成对的事。

有一天，妻子从公司回到家。出门前，她明明将最心爱的一瓶昂贵香水，好端端地放在一个木头架子上，但回家时，她却发现香水竟凭空消失了。

她闻到空气中散发着浓浓的香水味，心中产生不祥的预感。果然，她在垃圾桶里，发现了打破的香水瓶。

家里除了她，就只有老公，毫无疑问，“犯人”就是他了。

她来到丈夫面前，问道：“香水是你打破的？”

“不是我，是放香水的架子倒了。”

“架子会自己倒？还不是你撞倒的？”

“不是我，是椅子把架子撞倒了。”

“椅子又怎么可能会自己去碰架子呢？还不是你撞倒的？”妻子的火气愈来愈大。

“唉！我都说了，不是我，是公文包啦！我上班时，我的公文包钩到了椅子，所以椅子才会去碰架子。”

妻子发出一声河东狮吼，丈夫再也不敢吭声了！

故事里的丈夫，说的话还真像绕口令，让人好气又好笑。扯了这么一大串，原因其实很简单——就是想减轻自己的过错，逃过老婆的责骂，但结果当然是适得其反。也许一开始就诚实地低头道歉，老婆大人还不会这么生气呢！

遇到事情，第一时间马上否认、回避，似乎是不少人的通病。只是，这样的习惯，对自己究竟有好处，还是有坏处呢？

以前我还在杂志社工作的时候，曾负责带一个新进编辑。这个女孩学历不错、很聪明、反应也很快，颇得老板、同事赞赏，只是——再优秀、再聪明的人，也都难免有犯错的时候。

有一次，她一时疏忽，在杂志上刊登了一幅未经授权的照片。拍照的摄影师发现后勃然大怒，扬言要控告杂志社。

这位摄影师和我们合作了许多次，和我还算有点交情，于是我打了通电话给他，这才明白他这么生气的真正原因。

原来在看到杂志的第一时间，他就打电话到公司询问。只是，那位犯错的编辑不但没有立刻道歉，反而找了很多借口："我有寄授权书给您，是您没有回复。""我有打电话给您，但是您没有接听。"让摄影师越听越火大。

加上这位编辑深怕自己的错误东窗事发，所以隐瞒着，没有把这件事告诉主管或同事，自然也没有其他人出面处理，才让事情越演越烈。

我代表编辑部，诚恳地向那位摄影师道歉，保证我们不会再犯，也会补偿授权费用给他。经过我一再地道歉，那位摄影师反而不好意思起来，还说合作这么久了，他也不应该发这么大的脾气。

其实，他的怒气，我完全可以理解，我也赞同他生气，他的确该生气。

因为，错了，就是错了，就算说了一千个、一万个理由，这件错的事，都不可能变成对的事。急着找理由，只是更加凸显自己有多么不负责任罢了。

闹出这么大的事情，那位编辑当然被老板辞退了。我想，如果她在第一时间就认错道歉，应该还罪不至此。

做错事，与其想尽办法狡辩、推卸责任，不如勇敢地认错、道歉，然后想办法弥补改进。这么一来，不但比较容易得到原谅，自己也能获得在错误中学习的机会。

心灵小语

就算我们找出再多理由，

一件错的事，也不会变成对的事，

只会更显得自己的不负责任，

同时让对方火气愈来愈大。

学会“低头认错”，

我们才能真正从错误中吸取教训，

避免下次再犯。

42 想逃离内心的牢笼，你得先愿意把牢门打开

让你解脱的从来不是抱怨，

而是行动。

有个男子笃信上帝多年，但他的内心却始终得不到平静。他怀疑上帝是不是舍弃了他，甚至兴起不再上教堂的念头。

有一天，他把这样的困惑告诉牧师。那位牧师听完，并没有正面回答他，反而文不对题地说：“你可以帮我一个忙吗？”

“喔，好啊。”男子虽然有些诧异，但仍然点头答应了。

牧师接着解释：“事情是这样的，昨天天气好，我把窗户

打开，想要透透气，却有一只小鸟不小心飞进了我的房间，怎么赶也赶不出去，想请你帮帮忙。”牧师把男子带到房间，男子果然看到衣柜上停了一只小鸟。男子爬上椅子，想去捉它，但鸟儿拍拍翅膀就逃走了。

男子拿来网子，在房间里一阵乱扑乱打，不但没有捉到鸟，反而吓得它满屋子乱飞，捕捉更加困难。

牧师也不帮忙，只是站在一旁，微笑地看着一切。

最后，男子累了，坐在椅子上喘着大气。

这时候，鸟儿飞到了窗边。突然，牧师用力地拍手，鸟儿一惊，振翅就飞了出去。

男子看了这番景象，有点诧异。牧师则微笑地对他说：“想获得解脱，你必须先自己来到窗边。否则，就算上帝硬是帮你，也只会愈帮愈忙啊！”

有个朋友常找我倾诉心事，但听久了，却让我觉得非常无奈。因为她就好像一台坏掉的唱机，总是重复着相同的话——先抱怨婆婆，再责怪老公，最后数落孩子，永远永远，不断地循环。

那些我劝她的话，她不以为然；那些我安慰她的话，她听不进去；那些我建议能解决事情的方法，她又觉得不可行。然后，永远永远，不断地重复一样的抱怨。

有一天我正忙于工作，她突然打了电话来。我知道她这一聊，一定又会说上一个小时，于是就跟她说：“抱歉，晚点再聊好吗？我现在正在忙。”

不料她居然不高兴起来："我只不过有些事想跟你诉苦，你不想听，那就算了。"

顿时，我觉得自己的耐心真的用完了，便跟她说："说真的，我确实不想听。因为类似的事情，我已经听了许多年。你的痛苦，如果自己不愿意解决，我也没有能力帮你解决。"

想当然，她听了我的回答，更加地不高兴。我只希望她真的能静下心来，好好地想一想。毕竟，可以解决问题的是"行动"，从来不是"抱怨"。

只知道"抱怨"，不知道"行动"，就好像溺水的人不肯去抓身边的救生圈，却只是不断地喊"救命"一样荒诞可笑。

其实，你我一定也曾犯过类似的错误：我们在自己的心里设了一个牢房，然后不停地在牢房里疯狂地兜圈子。牢笼外，好像有人在喊些什么？但我们不愿意听。一直到我们筋疲力尽，再也走不动了，才听清楚原来牢笼外的人是在说："牢房的门没关呀！快点走出来呀！"

接着，我们可能会有三种反应。

第一种是不愿意相信："骗人！门才没有开呢！我不相信自己出得去。"

第二种是恼羞成怒，把自己的错误推到别人身上："你真可恶，为什么你不早说！"

第三种，也是最聪明的一种方式，就是"哈哈"笑上两声，坦率地承认自己之前真是白费力气，然后，推开门，大步走出去。

心灵小语

面对现实的不快乐、不如意，

人难免产生抱怨，

但若只有“抱怨”，没有“行动”，

那么再多的抱怨，都没有任何意义。

想要逃离内心的牢笼，

你得先愿意把牢门打开。

43 几毛钱的火柴，却能摧毁几百万的豪宅

缺点就像树篱笆，
只有定期修剪、常常修剪，
才能常保清爽平整。

有个年轻人的脾气很坏，情绪一来谁也挡不住。但他丝毫不以为意，觉得这只是自己的一个小缺点罢了。

有一天，他又在外打架惹事，被带到警察局，侦讯后他回到家中，仍摆出一副无所谓的神态。

年迈的祖父什么也没跟他说。祖父只是拿起桌上的火柴，划了一根，然后连火也没吹熄，就把火柴扔到地上。

年轻人发现祖父怪异的举动，诧异地望着他。但祖父并没有罢手。他又点起一根火柴，把火柴扔到地上，再点起一根火柴，扔在地上。眼看地毯已经被烧出一个个小洞了，年轻人连忙制止祖父："爷爷，您这是在干什么呢？"

"有什么关系？一根火柴，也不过几毛钱罢了！"祖父理直气壮地回答。

"不是火柴的问题啊！"年轻人气急败坏地说，"您可能会把整间房子给烧了啊！"

祖父突然收敛起脸上的表情，严肃地说："孩子啊，这下子你应该明白了——一根几毛钱的火柴，可以烧毁几百万的房子。一个小小的缺点看似微不足道，却也可能摧毁你整个人生！"

大家都知道缺点需要改正，但恐怕很多人都忽略了，许多时候，"优点"也需要有所节制，不然再好的"优点"，也会成为害惨自己的"缺点"。

有个年轻的男孩很重义气，朋友需要帮助，他一定两肋插刀，相挺到底。因此，他人缘好、人脉广，对他的业务工作帮助良多。只是，成就他的"义气"，却也将他推入了人生谷底。

基于帮助朋友的情义，他成为朋友的银行贷款保人。可惜的是，他的朋友却不像他一样讲义气，钱没还清，人却失踪了。他也因而负债，过世父亲留给他的房子，还惨遭银行法拍。

被朋友背叛，他当然既生气又难过，但他仍不是一无所获。最起码，他从这件事情中，学到了重要的一课：帮助别人之前，必须先预想到后果；尽管喜欢交朋友，但并不是人人都适合做朋友。

有人把生命中所有需要学习的课题，形容成树篱笆——你不可能只修剪一次，然后期盼它永远平平整整、规规矩矩。希望维持树篱笆的整齐，你所能做的，其实只有一件事，那就是时常修剪、定期修剪。

反省自己，其实并不容易，需要很大的勇气。此外，我们也需要智慧，分辨自己的作为中，究竟哪些有错？哪些需要改进？

这么做，也许很累，但别忘了，“星星之火，足以燎原”，在火灾发生前，先扑灭危险的火种，才能避免难以收拾的麻烦！

心灵小语

小小的缺点，自己以为微不足道，

但若放任它持续下去，

却也可能引发莫大的危机。

古人说“吾日三省吾身”，自我检讨，

除了促使自己不断成长，

也能让自己的人生更顺遂、平安。

44 谁的狗最会叫？

“吵架”之所以是不好的沟通方式，
在于吵架时情绪激动，
特别容易“偏离主题”。

某个村庄里，两户人家比邻而居，都各养了一只狗。

某天，甲家的男主人坐在家中，却听到乙家的狗正在汪汪叫。起初他还不以为意，但是邻居的狗愈叫愈大声，而且足足叫了一个小时之久。男子再也忍受不了，到邻居家理论：“喂喂喂！你可不可以管好你的狗，别让它叫个不停啊！”

乙家的人走出家门，不但没有道歉，反而质问对方：“你不是也养狗吗？难道你家的狗不会叫吗？它叫得比我们家的狗更大声呢！”

“谁说的？”甲家的男子听了很不服气，“我家的狗是偶然会叫没错，但绝对没有你家的狗叫得大声！”

两人因此大吵起来，只差没有拳脚相向。恰好一个路人经过，被他们拉来评理：“你帮我们听听看，究竟是谁的狗叫得比较大声？”

路人听了两人七嘴八舌的说明，却愈听愈迷糊：“为什么你们要我评断谁家的狗叫得比较大声？这么做有什么意义？你们是在比赛吗？”

经过路人这么一问之后，两个男子都愣住了。“对呀，我们为什么要比这个呢？”

当初究竟是怎么吵起架来的？两人一时之间竟都想不起来。

我想，“吵架”之所以不是一个好的沟通方式，就是在于吵架时情绪激动，特别容易“偏离主题”，原本鸡毛蒜皮的小事情，也可能演变成难以收拾的纷争。

有个朋友跟丈夫吵架，“离家出走”后跑到我家暂住，还口口声声说要跟丈夫离婚。我问她究竟是怎么回事，怎么会闹得如此不可开交？

被我这么一问，她竟然愣了一下，回忆了好一会儿才终于想到，事情的引爆点竟然只是因为她老公忘了倒垃圾。

“啊？不过是倒垃圾，有这么严重吗？怎么会吵到要离婚呢？”我听了很诧异。

“当然严重啦！”朋友接着说明，原来是她叨念丈夫总是忘记倒垃圾，先生却一副充耳不闻的样子。她一气之下，忍不住又说了一句：“你的老家也是又脏又乱，你妈妈也不爱干净，才会教出你这种儿子！”

老公听了这番话，气得从沙发上跳起来，大骂：“不过是包垃圾，你把我妈扯进来做什么？我到你家压力才大呢！我看你妈根本有洁癖、神经质！”

这下子真是不得了了，一包垃圾，竟演变成夫妻间的问题，甚至演变成两家人的问题！

当事人很生气，旁人听起来却难免觉得有些莫名其妙。况且，都吵到要离婚了，最终的问题症结——那包垃圾，却还是没有人倒，不是吗？

与公司的同事、点头之交的朋友相处时，若对方让我们不是那么满意，我们往往会抱持着“算了”的心态，认为还是以和为贵最要紧。只是，当我们与亲密的家人、伴侣或情人相处时，状况却往往正好相反。很多小事，我们不但不愿意就这样算了，还执意要争一口气；不但要争一口气，还坚持对方一定要认错，自己一定要“吵赢”！

可是，就算赢了，又怎么样呢？赢了面子，出了一口气，损失的却是彼此之间的感情，一点也不值得。

心灵小语

面对自己所爱的人，

何必硬要争个谁是谁非？

吵架时情绪一来，特别容易口不择言，

表面上吵“赢”了，

实际上却“输”了彼此之间的情感，

真的划算吗？

45 出来混的，迟早都要还

面对跌倒的事实，
才会有站起来的勇气。

有个地主非常有钱，可是他的万贯家财全是靠着偷拐抢骗而来，因此在地方上臭名远播。

终于有一天，这地主夜路走多了，被捕快抓到确凿证据，五花大绑地把他送进衙门。

居民们听说“坏心的地主被捉了”，纷纷挤到衙门前，交头接耳，全都希望地主得到重惩。

但，出乎意料的是，那判官居然提出了三个惩罚方法，让地主自由选择：“第一，你必须捐出十块田地，无偿给贫苦的人耕种；第二，你要被衙役打十大板；第三，你要吃下十斤的生大蒜。”

判官的话，引起乡民一阵哗然。人们议论纷纷地说，岂能让罪犯自己决定惩罚？这真是太便宜那个恶地主了！

而地主自然十分高兴，于是开始思考，究竟哪一种惩罚对自己最有利？他想：“每一块土地，都像我的血肉一样珍贵，我才不要白白捐出；衙役的板子可也不好受，我想必是熬不住。”想来想去，他决定选择“吃生大蒜”这项处罚。

只是，他不过才嚼了几颗大蒜，就呛得眼泪、鼻涕直流，哪可能吃完十斤。于是，地主向判官要求：“大人啊！我真吃不了这么多大蒜，可不可以改变惩罚的方式，让衙役打我十大板？”

判官点点头，同意了。

但是，衙役不过才打了地主两大板，他已经皮开肉绽，求饶连连。“算了！算了！我后悔了！我还是捐地出来吧！”

最后那地主不断逃避的结果，不但没有讨到丝毫便宜，反而害自己尝遍了三种不同的惩罚。

围观的群众这才明白判官的用意，全都拍手叫好。

一拖再拖，事情其实并不会让我们“拖”到不见，最后反而要付出更惨痛的代价。

最浅显易懂的比喻，就是“暑假作业”了。记不记得小时候，我们常觉得“暑假漫长，作业明天再写吧”。然后，一个又一个“明天”过去，直到开学在即，才发现累积了太多作业，根本不可能写完。最后不管是两手一摊，耍赖不写，还是急就章地草草了事，都会落得被老师处罚的命运?

暑假作业如此，人生中的功课，何尝不是这样呢?

有些人把人生中的种种挫折、压力、挑战都视为洪水猛兽，看到它们来袭，从不想办法面对，只是匆匆地转头回避。以为偷得一时轻松，却不知道将来等在后面的，往往是更沉重、更难以解决的后果。

有个年轻的男孩家境富裕，父母也对他呵护有加。从小，有了委屈，父母出面替他讨公道；有了挫折，父母跳出来替他摆平。

高中毕业，他被父母送到国外读书，攻读博士那年，却从租赁的高级公寓一跃而下。他的遗书写道：都是迟迟不让他论文通过的指导教授害死了他。

当时看到这则新闻，心里真是无限唏嘘。真正害死他的“凶手”，究竟是谁呢？想必不是他的指导教授啊！

当时网络上有很多好事之人在讨论这则新闻，认为是他的父母害死了他。因为父母对他过度的保护，剥夺了他的学习机会，当他遇到挫折时，才会不知所措。

只是，我却认为这种说法一点也不公平。为什么？因为他是个快30岁的成年人，不是小孩子了，难道就不该为自己的人生负责吗？我想，以他的年纪，人生中该遇到的风浪，应该也经历了不少。但显然他并没有学会“面对”，也没有办法把委屈、伤心、生气、不甘心等种种负面情绪吞下肚子里，失去了

“从经历中成长”的机会，也付出了宝贵的生命。

把人生中的挫折，视为有待解决的习题吧。该解决的人生课题，迟早都要解决，而且没有人能替你代笔，只能靠你一点一滴地完成，就像电影《无间道》的台词：“出来混的，迟早都要还！”

学习“面对”的过程虽然辛苦，可能有汗水也有泪水，但完成之后，当我们回首过去，却会燃起成就感和自信心，最重要的是，发现自己的跌倒有了代价，因为它让我们学会了“站起来”的方式。

心灵小语

逃避人生中的课题，虽会让我们短暂地得到轻松，

却会累积成更严重的后果——

因为，没有问题会自己消失不见，

而要靠我们亲手解决。

学会跌倒的方式，

我们才会知道怎么跌比较不会受伤，

更会逐渐学会站起来的方法。

EGLISE DES SAINTES MARIES
IXe_ Xe_ XIIe_ SIECLE
_DEDIEE AUX SAINTES MARIE JACOBE ET SALOME
_EDIFIEE SUR L'EMPLACEMENT D'UN SANCTUAIRE
DEJA CELEBRE AU VIe SIECLE
_FORTIFIEE POUR PROTEGER LES HABITANTS DU PAYS
ET LES PRECIEUSES RELIQUES DES SAINTES
CONTRE LES SARRASINS.
_DANS LA CRYPTE: STATUE DE SAINTE SARA
PATRONNE DES GITANS.
SOYEZ LES BIENVENUS
DANS CETTE EGLISE

46 谁该修理电梯？

个人的自私就像磁铁，
会吸引更多的自私，
最后由全体付出惨痛的代价。

有一栋五层、30多年历史的老公寓，里面的电梯突然故障了。住户们于是聚集在一起，想要讨论电梯维修的问题，尤其是费用该怎么分摊。

一楼的住户说："我才不出钱，我住在一楼，从来不会用电梯。"

二楼的住户说："我也不出钱，我住在二楼，走楼梯就好。"

三楼的住户说：“我也不出钱，我住在三楼，我也决定从此走楼梯。”

四楼的住户说：“我也不出钱，因为你们都不出钱。”

五楼的住户无可奈何，只好自掏腰包，把电梯修好了。而其他不愿出钱的住户也纷纷保证，以后电梯为五楼住户专用，其他人都不准使用。

有一天，一楼的住户想到顶楼装天线，心想：“我只是偶尔搭一次电梯，应该没关系吧？”所以他就用了电梯。

有一天，二楼的住户要把家中的旧家具运出门，却很难搬动，心想：“我只是偶尔搭一次电梯，应该没关系吧？”所以他就用了电梯。

有一天，三楼的住户到大卖场购物，提了大包小包回家，心想：“我只是偶尔搭一次电梯，应该没关系吧？”所以他就用了电梯。

有一天，四楼的住户摔伤了脚，爬楼梯很吃力，心想：“我只是偶尔搭一次电梯，应该没关系吧？”所以他就用了电梯。

大家都用了电梯，而五楼的住户也发现了。不久后，电梯又坏了，住在五楼的人拒绝再花钱维修。

其他的住户得知，都对五楼住户指指点点：“电梯都是他在用，他却不付钱，真是自私啊！”

所谓“破窗效应”中的“破窗”，是一种比喻。意思是说社会中若出现一些有违秩序的事，好比有人乱丢垃圾、乱涂鸦、大声喧哗，如果不及时加以制止，那么就会有愈来愈多的人起而仿效，导致社会大乱。就好像一间房子，窗户没破可能没事，但窗户一旦破了，就会容易引起宵小觊觎。

一个人的自私，难道不也是如此吗？个人的自私，会引起其他人的自私，不但影响别人，最后也会影响到自己。

有一次到朋友家玩，看到他住的小区真吓了一跳。游泳池、篮球场等公共设施看来荒芜已久，公共区域满是垃圾。

我问他这究竟是怎么回事，他说小区本来有管委会，一开始，几户人家不愿意缴管理费，管委会也办事不力，没有很积极地催讨。后来，很多人开始觉得“不服气”：“为什么他们不用缴钱，我们却要缴？”渐渐地，不愿付管理费的人愈来愈多，小区连管理员都请不起，最后连管委会也解散了，大家自扫门前雪。

更可怕的是，他们小区大楼的倾斜屋顶年久失修，瓦片竟会经常落到中庭！朋友说，之前有个老婆婆被落下的瓦片砸得头破血流，下一个被砸到的会是谁？谁也不知道。他苦笑地说：“来我们小区，出入，头上要戴安全帽比较安心！”

我问他为什么不搬家？他无奈地说：“这种小区，要是你，你会愿意买吗？正因为缺乏管理，房价一落千丈，就算廉售也没人要买啊！”

一个人小小的自私，看起来微不足道；但一个又一个小小的自私累积起来，也会成为全体难以承受的代价。

心灵小语

一个人自私，乍看之下没有什么，

可是，两个人、三个人，

愈来愈多的自私，却会造成难以收拾的代价，

而且群体中没有一个人能逃得了。

47 不用钱的智慧

我们必须学会“什么时候该用钱”，

但我们更该学会“什么时候不该用钱”。

海面上，有一艘小船突然翻覆了！驾驶小船的是一个富翁，不谙水性的他在水里一面呼救，一面挣扎。

一个年轻的渔夫见状，连忙驱舟过去，想要救人，不料，他却听到富翁在水里高呼：“小伙子，快来救救我啊！我给你一两黄金，哦不，我给你二两黄金！”

这番话让年轻人心生歹念，认为或许能借此发一笔横财。于是，他故意慢吞吞地划船。

果然不出所料，那水里的富翁心急了，开始“加码”：“快来救救我啊！我给你三两黄金，不，我给你四两黄金！”

年轻渔夫愈划愈慢了，心里想：只要时间拖得愈久，我得到的金子也就会愈多！

富翁又发出哀号：“快来救救我啊！我给你五两黄金、六两黄金?”

突然，一阵浪花袭来，富翁灭顶了，再也没有浮上来。

故事中，年轻渔夫的贪婪固然可恶，但以金钱作为利诱条件的富翁，恐怕也该负一点责任。

多年前，有一位朋友请我到他家吃饭，饭后他对孩子说：“儿子啊，快去洗碗。”

没想到，读小学的儿子竟伸出手来，对父亲说：“你要先付钱！”

做爸爸的乖乖从口袋里摸出几个铜板，付给儿子，儿子才开始收拾桌上的碗盘。

这番景象，让我觉得不可思议，我问他怎么回事？朋友回答：“我是想要养成孩子帮忙做家事的习惯，但是他却怎么样也不肯帮忙，所以我只好‘利诱’他。”

我半开玩笑、半认真地说：“既然这样，是不是全家人都该‘比照办理’？妈妈煮饭给他吃、帮他洗衣服，他有付钱给妈妈吗？你辛苦工作才能供他读书，他有付钱给你吗？”

朋友不置可否地笑了笑，我知道他不易听进别人的意见，也不再多说了。

过了几年，我在一场聚会上与他相遇，果不其然，他儿子已经变成一个唯利是图的青年了。帮家人跑腿，要钱；帮家人修计算机，要钱；考了好成绩，要钱；上了高中的他在外打工，回家抱怨的也是“钱钱钱”！

这个年轻人对金钱过于重视、过于计较的结果，当然是没什么朋友，人缘不好。似乎只有在看着存款簿数字愈来愈多的时候，他才能感受到一点快乐。

做父亲的提到儿子则忍不住感叹：“我也没这样教他啊！真不知道他怎么变成这个样子？”

当年，他向父亲收取“洗碗费”的画面，历历浮上心头。恐怕，就是朋友不经意、错误的教育方式，造成孩子这样的个性吧?

这样的孩子，其实很可怜。因为他的快乐，完全建筑在金钱之上，矛盾的是，他一毛不拔的结果，让他的钱始终只是数字，而没有任何实际的用途。

有人形容心灵空虚的人，是“穷得只剩下钱”。这番话实在是很有道理。金钱就好像是个“双面人”，他的一半是天使，另一半是魔鬼。究竟他的哪一面得以发挥，要看我们如何做出抉择！

心灵小语

“没有钱万万不能”，但“钱也不是万能”。

尤其，当我们试图用钱去买亲情、友情、爱情，

或是抽象的道德、诚实、忠诚，

“钱”就会变得非常危险。

“什么时候该用钱”，需要智慧；

“什么时候不该用钱”，需要更高的智慧！

48 道德的报偿

人不能像走兽那样活着，

应该追求知识和美德。

某家炙手可热的大公司举行一年一度的招聘。缺额不多却求职者众，竞争万分激烈。

为了遴选出最优秀的人才，公司经过了复杂的笔试、面试，最后只有三个人，得以参加“工程经理”职缺的最后考试。

三个人坐在偌大的办公室里，全都非常紧张。试卷发下来后，其中两个人马上低下头来，奋笔疾书，但另一个年轻的应试者，却只是看着试卷发呆。

考试开始不到5分钟，那个年轻人站了起来，交了试卷，接着头也不回地走了。剩下的两个求职者心中不免窃喜：这么一来，就少了一个竞争对手了！

最后录取结果揭晓——得到工作的，竟是那个最早交卷的年轻人。

原来，那张试卷只有一道题目：你前公司的商业秘诀是什么？技术秘密又是什么？

而那个年轻人的试卷上，只写了四个字：无可奉告。

有个好朋友，高中时代就开始无照骑机车，几次被警察拦检，开了罚单。

他不知从哪里查到，罚单其实有“追溯期”，只要超过5年没缴，罚单就会自动失效。

这么一来，他仿佛吃了定心丸，学生时代无照骑机车、进入职场后无照开车，被开红单也满不在乎——他已经打定主意，罚单不缴就是不缴，反正，只要拖过5年，也就没事了！

只是，他没想到的是，政府机关也不是省油的灯。就在最早的罚单即将逾期之际，他收到了法院的传票，他被相关单位告发了。

他开始一趟又一趟地往来法院，花钱请律师，劳心劳力又破费。最后，法院判决结果是，积欠的大笔罚单不能不缴。往后，他每个月的薪水都被法院强制扣下1/3，直到罚单结清。

消息在公司传开，他颜面无光，更惨的是，这些过期的罚单，全都要加倍付款，想要省钱，最后却付了更多钱！

他苦笑着告诉我这件“惨案”，直说是“花钱买教训”。他缴清罚款后，乖乖去考了驾照，当然，他从此再也不敢不缴罚单了！

你我也难免会有这样的侥幸心态：一点小奸小恶，无伤大雅，如果能因此让自己功成名就、有利可图，甚至因此逃过应有的惩罚，那又何乐而不为呢？只是，夜路走多了，难免会有遇到鬼的时候。

况且，人生不也跟缴罚单的例子很像吗？人生里，我们应该要有的学习，迟早都要面对。转过身去逃避，也许逃得过一时，却逃不了一世，而且拖得愈久，我们必须付出的代价可能就愈高。

文章一开始，故事中的男子，靠着“诚信”赢得了工作；现实生活中，你我也都应该谨记：顺应良心，永远是最好的上策。

心灵小语

很喜欢一句话：

法律，是道德的最后底线。

违背良心做事，

短期内或许能获得小利，

但就长远看来，

迟早都必须付出代价！

49 真正的黄金

生命中最珍贵的东西，
往往是那些金钱买不到的东西。

有个小男孩在农村长大，但他从小就饱受一则流言困扰。

乡里的人，都传说在他出生以前，他的父亲曾在田里挖到黄金。有人说那黄金大如拳头，还有更夸张的人说，那黄金足足有足球那么大！

也因为这则谣言，小男孩常被人指指点点。他心里觉得很荒谬——因为，他们的家境并不富裕，连屋顶漏水了都没办法修，又怎么可能有黄金呢！

许多年后，谣言渐渐散了，不再有人提起。小男孩渐渐长大，成为一个健壮的男子；他的父亲老了，头顶冒出了丝丝白发。

有一天饭后，男子突然想起当年流传在村子里的“八卦”：“爸爸，您记不记得，从前大家居然说您曾挖到黄金，实在是太可笑了！”

不料，老父亲居然点点头：“其实他们说得没错，我确实是在田里挖到了黄金。”

“什么？”男子大吃一惊，连忙问，“那黄金呢？”

“我把它扔到海里了。”老父亲说。

男子露出失望的表情：“爸爸，您真是太傻了啊！您为什么要这么做？”

“你想想看，如果我用了那些金子，结果会怎么样呢？”

“至少我们可以锦衣玉食，也不用住这么破的房子了啊！”

“然后呢？”

“然后……”男子不知道该怎么回答。

“然后，上门借钱的人会络绎不绝；会有人贪图我们的钱财，虚情假意地接近我们；会有人开始在背后说我们的闲话；就算有人觊觎我们的财产，来偷来抢，也没什么好奇怪！”

男子沉默了。

“你看，现在我们虽然家徒四壁，但我们有美满的家庭、真诚的朋友，还有几亩良田。”老父亲的眼神里，流露出智慧的光芒，“这些东西，才是真正的黄金啊！”

有一次，在电视上看到一则真实故事：有个台湾人在大陆经营珠宝生意，虽然赚了不少钱，但工作非常忙碌，一年只有短短几天能返台和家人相聚，不但错过了儿女的成长过程，和妻子的感情也出现裂痕。

这个男子认为，再这样下去，他的家庭就要毁了。于是，他毅然结束大陆的生意，回到台湾。可是，一家四口的生计，又该怎么办？出人意表的是，这个男子竟去拜师学艺，学会了做馒头的技巧，在住家附近开了一间小店。他在接受电视访问时自嘲：“以前卖的珠宝，又小又硬又贵；现在卖的馒头，又大又软又便宜。”

虽然他的收入不比以往，但他却赚到了更重要的东西——那就是家人的感情。现在，他们一家和乐，尽管儿女都进入了青春期，和父亲仍像无话不谈的好朋友，羡杀不少人。而他的小店，就取名叫“幸福馒头店”！

既有显赫的工作，又有钱，还有幸福的家庭，那当然很棒。只是，世事往往无法尽如人意，许多时候鱼与熊掌不可兼得，我们必须做出取舍，明白在自己的生命中，究竟什么才是真正的黄金！

心灵小语

幸福不会从天上掉下来，

必须靠我们自己的努力；

幸福的关键之一，就是我们必须学会“取舍”——

当事业与家庭无法兼顾时，

别忘了问问自己，在生命之中，

什么东西比金钱更重要？

50 别为配角生气

生命中，常有一些微不足道的“小角色”，何苦把他记在心里、挂在嘴上，和自己过不去！

有个19岁的女孩第一次谈恋爱，不过，这段恋情只维持了短短的两个月，她就被初恋男友狠狠抛弃了。

这女孩和母亲的感情很好，每天放学回家用过晚餐，她们都会一起坐在沙发上看连续剧。女孩看着看着，时常忍不住提到那个男孩，一下子埋怨，一下子生气，一下子哭，一下子骂。

就这么过了许多天，有一天女孩又发起牢骚。这时，母亲打断了她的话，突然没头没脑地和她讨论起连续剧剧情：“女儿啊，你知道那个女主角的同学的妈妈的邻居吗？”

“谁啊？”女儿一时反应不过来。

母亲又重复了一次：“哎哟，就是那个女主角的同学的妈妈的邻居啊。”

“什么跟什么啊？”女儿有点不耐烦：“那么小的角色，只出现个一两集，又有谁会记得啊？”

母亲忍不住笑了：“那么，你的那个‘前男友’，不也只是你生命中的小角色，在你的人生中出现个一两集罢了吗？你又何必一直念着他呢？”

我们的人生中，常有一些“小角色”，在我们的生命中占的篇幅并不多。但不可思议的是，有些人偏偏要把这些“小角色”放在心里，挂在嘴上，即使早就已经时过境迁，还是要让这些“小角色”纠缠自己一辈子！

有个长辈很喜欢“话当年”，常常讲着讲着，就会讲到她当年的一个高中同学。她总要说这同学有多么坏、多么恶毒、多么喜欢欺负她。

这长辈已经60多岁了，掐指一算，读高中已经是将近50年前的事了！

有一天，她再度提起这个让她恨得牙痒痒的“高中同学”，我忍不住打断她的话，问：“您和这个同学现在还有在联络吗？”

“谁要跟她联络啊！我逃都来不及呢！”这长辈撇撇嘴，

“高中毕业后，我们就不再往来了！”

其实，她们还是有往来，而且往来非常密切——因为即使过了50年，这长辈还是要经常地想到她、提到她，还是要气气她、骂骂她，这，实在是何苦呢？

你我也难免会为了生命中的“小角色”火冒三丈，这些人，可能是讨厌的同事、不熟的朋友，甚至只是个全然陌生的人，好比插队的老太太、闯红灯的机车骑士。

只是，耗费宝贵的生命，对这些人生气，真的值得吗？

快被小事激怒前，先强迫自己冷静下来，问问自己：“这个讨厌的人，会在我人生的连续剧里出现几集？”也许你我就会发现，很多事，其实根本没有必要生气！

心灵小语

人生苦短，有限的生命，

我们应该拿来爱、拿来享受快乐，

而不是拿来记恨、拿来咒骂——

其中最没有意义的“生气”，

就是跟生命中匆匆的“过客”计较！

51 失落的“现在”

一个又一个“现在”的累积，
能圆满我们的过去，
成就我们的未来。

他和她是一对恋人，他们彼此相爱。

他们最幸福的时刻，就是一起编织着未来。他总是幻想着将来要住什么样的房子，她则喜欢想象以后要穿什么样的婚纱，要跟他生几个孩子。

他们最不幸的时刻，就是一起清算过去。他嫉妒她从前的每个男朋友，她则痛恨他过往的几次一夜情——即使，那些人、那些事，都是发生在他们相识之前。

最后，他们分开了。直到很多年后，他们才恍然明白这段恋情之所以失败的原因——他们的感情，被“未来”和“过去”占满，以致没有时间，去好好地过“现在”。

对未来有憧憬，对过去有怀念，并不是坏事，只是人之常情。可是，如果放任自己活在“未来”或“过去”中，我们只会发现结果往往是一无所获，只是白白糟蹋了每个“现在”。

有个朋友从小父母离异，在单亲家庭中长大。父亲的不负责任，给她造成了刻骨铭心的伤害，进而使她畏惧与人谈感情，因为在她的眼中，所有男人都和父亲一样，是不可靠的。

即使已经到了坐三望四的年纪，她仍没有谈过恋爱。几次在喜宴的场合碰到她，看着新人，她总是不忘酸溜溜地说：“唉，谁知道他们会要好多久？搞不好明年就离婚了！”接着，她就会开始抱怨独居生活有多寂寞、多无聊，说自己真是“命不好”。

唉，这究竟要怪谁呢？

我明白童年经历在她的心中埋下了沉重的阴影，但是，已经接近不惑之年，难道自己就不该为“走出过去”付出一点努力吗？难道一直沉溺在“命不好”的自怨自艾中，就可以打破僵局吗？

她一直不愿意从“过去”走出来，执意要留在那里，所以她失去了现在、也否定了未来，实在可惜又可怜。

过去，无论有再多遗憾、再多悔恨、再多痛苦，但都已经“过去”了。就算我们时时刻刻把它放在心上，也无法扭转丝毫。那么，我们何不让过去真正地过去？何苦用过往来折磨自己、限制自己？至于未来，其实有太多变量，身为凡人的我们难以预料，又何必对未来莫名地不安、胡乱地恐惧呢？

学会把握每个当下，到最后我们往往会发现，正是那一个又一个“当下”的累积，圆满了我们的过去，成就了我们的未来。

心灵小语

过去的事情无法改变，

未来的事情无法预料，

只有“现在”，

永远能在我们的掌控之中，

怎么能不好好把握？

52 未来的快乐，其实并不存在

我们能掌握的，
从来不是过去、未来，
而只有现在！

有一对年轻夫妻，日子过得很不快乐。他们总是在想：只要再过几年，孩子出生了，家里热闹起来，我们就会快乐了。

他们生了孩子，照顾小婴儿让他们又疲又累。他们又想：只要再过几年，孩子长大了，我们就会快乐了。

孩子进入了青春期，儿子的叛逆，让他们心力交瘁。他们又想：只要再过几年，孩子成年了，我们就会快乐了。

孩子从学校毕业，迈入社会，找工作却处处碰壁。他们又想：只要再过几年，孩子事业稳定了，我们就会快乐了。

孩子的工作逐渐有了成就，却迟迟不肯结婚。他们又想：只要再过几年，孩子成家了，我们就会快乐了。

孩子结婚了，媳妇的肚子却始终没有消息。他们又想：只要再过几年，有了孙子，我们就会快乐了。

直到闭上眼睛的那天，他们才惊觉——这辈子，他们始终没有等到快乐的那天。

澳洲有一位名叫魏尔（Bronnie Ware）的护士，长年负责照顾安宁病房的病人。她听过太多太多的人生遗憾，最后，她写了一本书，书名是《垂死者的五大人生憾事》，这五大遗憾分别是：一、没有勇气追逐梦想；二、太少时间陪伴家人；三、没有勇气表达自己的想法；四、没有和好朋友保持联系；五、后悔自己没有活得更快乐。

魏尔接受媒体采访时说，她接触过许许多多临终者，每个人都有自己的故事，但让她惊讶的是，人们离世前的遗憾，竟是如此大同小异！这带给她很大的冲击，因此希望透过这本书，提醒世人：时光一去不复返，要趁着还“活着”的时候，让自己更幸福！

对于人生，我们常会产生错觉，以为自己只要达到某个目标，就会快乐。好比：等我上了大学，我就会快乐；等我交了男朋友，我就会快乐；等我找到好工作，我就会快乐；等我结了婚，我就会快乐。

但是，直到我们达成目标，才会沮丧地发现，虽然可能快乐一时，但人生的里程碑后面，却还有无数的考验，在虎视眈眈地等着我们。所以，我们只好再替自己设下另一个目标，期待届时快乐就会降临，在不断的希望与失望中，我们盲目地不断循环。

其实，未来的快乐，根本不存在。真正的快乐，只有把握现在。因此，千万别让你的人生蹉跎在“等待快乐”上！

心灵小语

以为达到某个目标，你就会快乐了吗？

答案或许不然。

真正的快乐，

其实并不会随着某个目标的达成而降临，

因为，到时候仍会有其他的考验出现。

真正的快乐，就是把握每个现在，

而不是期待未来！

53 事情没那么严重

相同一件事，可以无限扩大，
也可以无限缩小，
只看我们选择如何面对。

某所幼儿园的教室里，两个幼儿园的孩子正在看图画书。

这两个孩子把书打开来，翻了翻，大约看了三分钟后，接着把书本扔在一旁，跑去玩其他玩具了。

第一个妈妈见状，微笑地说："我的孩子真不错，年纪还这么小，就喜欢接触书、喜欢翻书，以后我要多买点书给他看。"

第二个妈妈见状，皱起眉头说：“我的孩子真糟糕，书随便翻翻就不想看了，现在买书给他，根本是浪费钱，他为什么不能把书看完？他为什么这么不专心？他为什么坐不住？糟了！他会不会是过动儿啊！”

有一次，有个朋友很担心地跟我说，他读小学的儿子成绩很差。她愁眉苦脸地说：“这次月考，儿子的数学竟然只考了70分。”

“70分会很差吗？”我听了很惊讶，“记得我小学的时候，数学还考过不及格呢！”

“现在跟以前不一样。”朋友打断我，滔滔不绝地说，“年代变了，现在的孩子个个都很会读书，考70分已经是吊车尾了！只要我一想到儿子只考了70分，就觉得很担心。唉！我应该早点把儿子送进补习班。”

她说这件事的时候，整张脸都在一起，一副天要塌下来的模样。不知情的人看了，一定会以为她遇到什么生死攸关的大事呢！

我忍不住跟她说：“你被这70分制约了。快点忘掉这件事，不要再想了。儿子只不过一次考不好，不值得你这么苦恼。”

毕竟，实际状况是：小学成绩好的人，长大后未必表现杰出；在社会上表现优异的人，小时候成绩也不一定好。不是吗？

况且，这朋友把“70分”一直挂在心上，流露在外的是焦急、忧心，天天与她相处的孩子，难道会感觉不到吗？为了一个“70分”，让家庭气氛低迷、亲子关系紧张，这样真的有意义吗？

其实，这世间的任何事物，包括我们所遇到的挫折，也都跟这个“70分”一样，问题可以很大，也可以很小，只看我们从哪个角度视之。

乐观一点，我们往往就会发觉事情也容易了一点！

心灵小语

一样的一件事，一百个人来看，

就会有一百种想法。

对于人生的挫折，何尝不是如此?

相同的挫折，有些人不以为意，再接再厉；

有些人却指天骂地，或认为自己的将来会一蹶不振?

悲观，其实只会让你心情低落，其余没有任何帮助。

用正面、积极的态度看待挫折，

或许你就会发现，

那些人生需要克服的难题，似乎也容易了一些!

54 不懂“分工”的人，也不懂得“合作”

懂得合作，
才能产生和谐。

某堂生物课上，讨论的主题是“蚂蚁”。

老师告诉讲台下的学生，说蚂蚁是一种非常神奇的生物，它们体型虽小，却能组织起成员数以万计、领地横越好几公里的庞大地下王国。学生们听了，都觉得很不可思议。

老师又问：“你们要不要猜猜看，蚂蚁最大的成功秘诀，究竟是什么？”

有个学生马上举手发言："是不是因为它们数量庞大，采用'蚁海战术取胜'？"

"不是。蚁群确实数量很多，但这并不是它们成功的最主要原因。"

另一个学生说："是不是因为它们很聪明？"

"不是。蚂蚁的脑袋，其实和所有昆虫都差不多。"

最后老师宣布答案："蚂蚁最主要的成功秘诀在于——尽管它们彼此间互不认识，但是它们仍然互相帮助。"

故事中提到关于蚂蚁的论述，是最近一项真实的科学研究结果。科学家认为，多数的动物虽会组成群体，但前提是，群体中的成员必须彼此认识，好比黑猩猩、大象或狮子等群居动物。也因为这样的限制，它们的群体数量因而产生限制，一个群体中，顶多只有十几、二十个成员，无法再持续扩张。

反观蚂蚁，它们的群体不限于"熟识的蚂蚁"，还包括"陌生的蚂蚁"，因此可以形成数量惊人的群体。动物世界中，还有一种动物，具备和蚂蚁一样的特质——那就是我们人类。

仔细想想，人类的社会运作确实如此。我们不认识的人，替我们种植食物、盖房子、铺马路。而相对的，我们也将自己的工作成果，分享给那些我们并不认识的陌生人。人类的成功，就是在于"合作互惠"。

"哈佛小子"林书豪在球场上屡创佳绩，尤其被人津津乐道的是，他不逞英雄，不打"个人秀"，而能与其他队友合作无间。某次看新闻报道，一位记者提出了一个很有趣的问题：“篮球本来就是团队运动，球员间讲求合作，不是天经地义的吗？为什么林书豪的团队精神，却显得这么难能可贵呢？”我想，答案应该是长久以来，NBA的明星球员都太讲求个人主义，甚至认为自己出风头，比团队成绩更重要吧！

讽刺的是，讲起体育活动，或是职场生态，大家都很清楚“合作”的重要，但对于家庭，却未必如此呢！

有一对夫妻，丈夫是上班族，太太是家庭主妇，他们的感情濒临失和边缘。丈夫抱怨妻子每天闲在家里，没有生活目标；妻子责怪先生只顾工作，不顾家庭，也从不帮忙做家事。两人因此公说公有理，婆说婆有理，彼此大小纷争不断。

其实，这件事并没有谁对谁错，只是两人对于家庭的“分工”没有共识，因此难以“合作”；他们都觉得“自己比较辛苦，别人比较悠闲”，却忘了两人努力的目标，不都是为了这个家吗？

把自己缩小一点，替“别人”多想一点。这些“别人”，包括我们的家人、同事、朋友，更包含所有不认识的陌生人。如果这么做的人愈来愈多，也许，我们的世界就能找回消失已久的和谐！

心灵小语

不懂“分工”的人，也不会懂得“合作”。

只是，过于强调“个人主义”，

往往会给自己带来很多不快乐。

因为我们总是认为自己付出得多、别人付出得少，

因此斤斤计较，患得患失。

学会与人合作，我们反而更能发挥自己的价值，

得到双赢的结果。

55 山不过来，我就过去！

山不转，路转。
如果眼前的大山移不开，
那我就绕过去。

乡里间传说，某座禅寺的大师，竟会“移山大法”。

听到这个消息的人，莫不感到不可思议。于是，乡民们找了一天，一起去拜访那位大师，希望能见识见识大师的神力。

乡民们问：“大师啊，听说您会‘移山大法’，这是真的吗？”

“是真的。”禅师颔首微笑。

大伙儿听了，眼睛都发亮了：“那么，可以请您表演一下，让我们开开眼界吗？”

“没问题！”

禅师说完，起身往不远处的山脚跑去，不一会儿，又气喘吁吁地跑了回来，然后宣布：“我表演完了！”

乡人们你看看我、我看看你，不知道禅师在耍什么把戏。

禅师看到众人的表情，忍不住哈哈大笑：“所谓的移山大法就是：山不过来，我就过去！”

世间的许多事，就像一座座高山一样，我们既无法移开它，也无法改变它。我们拿它无可奈何，所以气得直跳脚，却没想到我们其实可以做一件事——那就是改变自己。

有一个朋友，被不愉快的婚姻困扰多年。她的丈夫外遇出轨，更让她生气的是，婆婆不但不主持公道，反而帮自己的儿子讲话：“男人就是这样嘛！你忍一忍，也就过去了，等他玩累了，他就会回家了。”

朋友既咽不下这口气，好几次在家跟丈夫大吵大闹，公公、婆婆连同她的小姑，一干人竟气呼呼地上门兴师问罪：“都是你！把这个家闹得乌烟瘴气！你究竟要闹到什么时候才肯罢休？”

朋友生气又委屈，不明白做错事的明明不是自己，为什么反倒沦为众矢之的？对婚姻忠诚，不是天经地义的事吗？为什么婆家不但不这么想，反倒指责她太霸道？

她一直纠结在这些问题里，最后罹患忧郁症。某天情绪一来，居然吞了好几十颗安眠药。

后来，她被救活了，在医院醒来。她说，她醒来想到的第一件事，就是婆家的人有多么不可理喻。然后，她突然想通了——对，这些人就是这么不可理喻。无论我再怎么做、再怎么说，都不可能改变他们的不可理喻。既然如此，我为什么要花时间跟他们耗？甚至傻到拿自己的生命跟他们耗？

鬼门关前走一回，她彻底地改变了。她选择离开，连赡养费都懒得去要，只求与那家人脱离得一干二净。

现在的她，很快乐、很自在。她从这段婚姻，学到了足以改变人生的一课，那就是去接受一个现实：很多事情，真的不可能改变。我们可以控制的，从来不是别人，而是我们自己。

你生命中的那座“大山”是什么？如果你叫它，它不过来，那就自己走过去吧；如果它挡住了你的去路，那我们就绕过去吧。

山不转，路转，明白了那些无法扭转的现实，我们就会发现的确天无绝人之路。

心灵小语

其实，没有不能改变的事，

因为自己改变了，状况也就跟着转变。

改变自己并不容易，有时也并不好过，

但长痛不如短痛，过了转变的“阵痛期”之后，

我们得到的报偿将是心宽自在，

也会发现未来的日子仍有无限可能存在。